PSICOLOGIA FENOMENOLÓGICA:
fundamentos, método e pesquisas

Dados Internacionais de Catalogação na Publicação (CIP)
(Câmara Brasileira do Livro, SP, Brasil)

Forghieri, Yolanda Cintrão.
    Psicologia Fenomenológica: fundamentos, método e pesquisa
/ Yolanda Cintrão Forghieri. – São Paulo : Cengage Learning, 2023.

    16. reimpr. da 1. ed. de 1993.
    Bibliografia
    ISBN 978-85-221-0163-4

    1. Fenomenologia 2. Fenomenologia existencial 3. Materialismo
4. Psicologia 5. Psicologia clínica 6. Psicologia existencial I. Título.

02-0671   CDD–150

Índice para catálogo sistemático:

1. Psicologia 150

PSICOLOGIA FENOMENOLÓGICA:
fundamentos, método e pesquisas

PSICOLOGIA FENOMENOLÓGICA

fundamentos, método e pesquisas

YOLANDA CINTRÃO FORGHIERI

Austrália • Brasil • Canadá • México • Cingapura • Reino Unido • Estados Unidos

Psicologia Fenomenológica:
Fundamentos, método e pesquisas

Yolanda Cintrão Forghieri

Capa: Jairo Porfírio

© 1993 Cengage Learning Edições Ltda.

Todos os direitos reservados. Nenhuma parte deste livro poderá ser reproduzida, sejam quais forem os meios empregados, sem a permissão, por escrito, da Editora. Aos infratores aplicam-se as sanções previstas nos artigos 102, 104, 106 e 107 da Lei nº 9.610, de 19 de fevereiro de 1998.

Esta editora empenhou-se em contatar os responsáveis pelos direitos autorais de todas as imagens e de outros materiais utilizados neste livro. Se porventura for constatada a omissão involuntária na identificação de algum deles, dispomo-nos a efetuar, futuramente, os possíveis acertos.

A editora não se responsabiliza pelo funcionamento dos links contidos neste livro que possam estar suspensos.

Para informações sobre nossos produtos, entre em contato pelo telefone **+55 11 3665-9900**.

Para permissão de uso de material desta obra, envie seu pedido para
direitosautorais@cengage.com.

ISBN: 13: 978-85-221-0163-4
ISBN: 10: 85-221-0163-9

Cengage
WeWork
Rua Cerró Cora, 2175 - Alto da Lapa
São Paulo - SP - CEP 05061-450
Tel.: +55 (11) 3665-9900

Para suas soluções de curso e aprendizado, visite **www.cengage.com.br**.

Impresso no Brasil
Printed in Brazil
16ª reimpr. – 2023

Dedico este livro,

Aos milhares de alunos que, no decorrer de meio século de docência, têm acolhido carinhosamente minhas idéias ou as têm combatido com críticas severas e autênticas; pelas excelentes oportunidades que me têm proporcionado de amadurecer meu pensamento na alternância de vivências paradoxais de segurança e tranqüilidade por percebê-lo confirmado, ou de aflição e angústia por sentir ter que revê-lo, ou modificá-lo.

Às centenas de clientes e amigos com os quais tenho convivido intimamente, por me terem propiciado desvendar alguns dos inumeráveis mistérios do existir humano, nos instantes em que nos permitimos partilhar nossos sofrimentos e nossas alegrias.

Ao Cyro meu marido e aos filhos Ricardo, Célia, Cláudio e Marisa, tanto pelos momentos agradáveis e reconfortantes de profundo amor e tranqüilidade, como pelos de conflito e intenso sofrimento que têm tido a virtude de me propiciar reconhecer minhas limitações e me trazer para a "terra" da realidade, em instantes nos quais meus sonhos tendem a me elevar para as alturas do "céu".

Finalmente, à mui querida mana Iza — Maria Luiza França, para os menos íntimos — por seu enorme e carinhoso estímulo, suas ponderadas críticas e imensa paciência para conseguir desvendar e compreender os meus garranchos; sem ela a concretização desta obra não teria acontecido.

ÍNDICE

Apresentação, XI

1 A CAMINHADA PELAS CONCEITUAÇÕES

I — INTRODUÇÃO, 1
    1 — Estilo adotado na redação do trabalho, 1
    2 — Vivências Iniciais, 4

II — INFLUÊNCIA DE PSICÓLOGOS, PSIQUIATRAS E FILÓSOFOS NO PENSAMENTO DA AUTORA, 6

III — RAZÕES PARA A ELABORAÇÃO DE UM ENFOQUE FENOMENOLÓGICO DA PERSONALIDADE, 10

2 A FENOMENOLOGIA E SUAS RELAÇÕES COM A PSICOLOGIA

I — INTRODUÇÃO, 13

II — TEMAS FUNDAMENTAIS, 14
    1 — O retorno às "coisas mesmas" e a intencionalidade, 14
    2 — A redução fenomenológica e a intuição das essências, 15
    3 — A reflexão fenomenológica, o mundo da vida e a intersubjetividade, 17

III — POSSIBILIDADES DE ARTICULAÇÃO ENTRE A FENOMENOLOGIA E A PSICOLOGIA, 19

3 ENFOQUE FENOMENOLÓGICO DA PERSONALIDADE

I — ESCLARECIMENTOS, 23
    1 — A trajetória percorrida, 23
    2 — Passos seguidos na elaboração do enfoque, 24
    3 — Paradoxos e aparentes enganos, 25

II — FENOMENÓLOGOS CUJAS IDÉIAS FUNDAMENTARAM O ENFOQUE, 25

III — APRESENTAÇÃO DO ENFOQUE: CARACTERÍSTICAS BÁSICAS DO EXISTIR, 26
    1 — Ser-no-mundo, 27
    1.1 — Aspectos do mundo: circundante, humano, próprio, 29
    1.2 — Maneiras de existir: preocupada, sintonizada, racional, 35
    2 — Temporalizar, 41
    3 — Espacializar, 44
    4 — Escolher, 46

V — CONSIDERAÇÕES SOBRE O SER-DOENTE E O SER-SAUDÁVEL EXIS-TENCIALMENTE, 51

4 CONTRIBUIÇÕES DA FENOMENOLOGIA PARA A PESQUISA NA PSICOLOGIA

I — INTRODUÇÃO, 57

II — O MÉTODO FENOMENOLÓGICO NA INVESTIGAÇÃO DA VIVÊNCIA, 58
    1 — Envolvimento existencial, 60
    2 — Distanciamento reflexivo, 60

III — EXEMPLO DE INVESTIGAÇÃO FENOMENOLÓGICA DA VIVÊNCIA, 62
    A — Tema: Contrariedade e bem-estar humanos, 62
    B — Justificativa, 62
    C — Objetivos, 63
    D — Metodologia, 63
    E — Resultados, 66

IV — LEVANTAMENTO DE TRABALHOS SOBRE PESQUISA FENOMENO-LÓGICA NO CAMPO DA PSICOLOGIA, 68
    A — Início e desenvolvimento da pesquisa fenomenológica, 68
    B — Revisão de pesquisas realizadas, 71
        a — Material examinado, 71
        b — Classificação das pesquisas, 73
        c — Comentários, 74

Referências Bibliográficas, 77

APRESENTAÇÃO

A insuficiência do dualismo cartesiano e do positivismo frente a questões científicas mais complexas, sobretudo no campo da Psicologia e das Ciências Humanas, abriu espaço para nova corrente de pensamento — a Fenomenologia.

Inaugurada por Husserl, inspirado pela preocupação do rigor, não é um sistema filosófico mas um conjunto de proposições para um método de pensar, apreender e investigar o mundo, tão rigorosamente quanto possível.

A exemplo de Galileu e Copérnico, Husserl descentralizou o sujeito, estabelecendo novas relações entre sujeito e objeto, entre observador e acontecimento observado, antecipando-se a muitas formulações da Física Moderna.

A obra de Husserl é extensa e difícil. Teve seguidores de todas as áreas e tendências ideológicas, entre eles Heidegger, Jaspers, Merleau-Ponty e Sartre. Contudo, pode-se dizer que não produziu, ainda, todos os seus desdobramentos e conseqüências.

Nos países americanos — possivelmente por razões socioeconômicas — a Fenomenologia tem sido pouco estudada, mormente nos Estados Unidos, onde predominam, ainda, o cartesianismo e o neopositivismo, mercê da pequena ou nenhuma tradição filosófica daquele país.

No Brasil, porém, marcado ainda pela influência do pensamento europeu, a Fenomenologia comparece de modo mais consistente, sobretudo nas Ciências Humanas, na Psicologia e na Psiquiatria.

Apesar disso, as publicações mais significativas são esporádicas e bissextas, decerto por dificuldades materiais.

Nesse contexto, a presente obra é oportuna e fundamental.

Professora de Psicologia, detentora de elevados títulos nas melhores universidades do País, Yolanda Cintrão Forghieri acumula uma longa experiência no magistério, tendo perpassado, com entusiasmo e dedicação, diferentes escolas de pensamento filosófico e psicológico.

Depurada pela experiência e amadurecida em suas reflexões, dedica-se, há muitos anos, ao estudo do método fenomenológico e sua aplicação no campo da Psicologia Clínica. Como autoridade no assunto foi convidada — e o fez com sucesso — a ministrar cursos na Universidade "La Sapienza" de Roma (instituição italiana oficial), projetando, no Exterior, a inteligência brasileira.

Incansável, tem orientado teses e pesquisas, formando discípulos e seguidores.

No presente trabalho, a autora percorre um amplo universo de pensadores fenomenologistas e existencialistas, em contraponto com as principais teorias da psicologia moderna.

Entretanto, graças à sua experiência didática, introduz o leitor suavemente no assunto, através de sua autobiografia intelectual, seus primeiros encontros e vivências com os expoentes da Fenomenologia.

A prof.ª Forghieri, relatando suas próprias dificuldades iniciais, encoraja os principiantes e os ampara em seus primeiros passos, com a simplicidade e autenticidade de uma verdadeira mestra.

Esta obra, bastante substancial e abrangente, não somente passa em revista os autores mais significativos da Fenomenologia, como reproduz, em citações, os aspectos mais relevantes de suas obras, ilustrando a exposição serena e vigorosa da prof.ª Forghieri.

Tais qualidades, sumariamente assinaladas, colocam esta obra no plano de leitura indispensável e de consulta obrigatória para todos os estudiosos de Psicologia e Ciências Humanas, abrindo um amplo horizonte para uma das mais fascinantes correntes do pensamento moderno.

Prof. Dr. Zacaria Borge Ali Ramadam
Depto. de Psiquiatria da Faculdade de Medicina — USP.

1

A CAMINHADA PELAS CONCEITUAÇÕES

I - Introdução

1. Estilo adotado na redação do trabalho

Heidegger (1972), em uma de suas obras, relata como — em suas "tentativas desajeitadas para penetrar na Filosofia" (p. 99) — interessou-se pela Fenomenologia e a ela passou a se dedicar, a partir do contato que teve com o livro *Investigações Lógicas*, dizendo sobre este:

> *"A obra de Husserl marcara-me de tal modo que, nos anos subseqüentes, sempre a li, sem compreender suficientemente o que me fascinava. O encanto que emanava da obra estendia-se até o aspecto exterior da paginação e da página título (p. 100). Provocava uma inquietação que desconhecia sua razão de ser, ainda que deixasse pressentir que se originava da incapacidade de chegar, pela pura leitura da literatura filosófica, a realizar o processo de pensamento que se designava como Fenomenologia. A perplexidade desapareceu muito lentamente, trabalhosamente solveu-se a confusão, quando pude entrar pessoalmente em contato com Husserl"* (p. 103).

Fiquei surpresa com estas afirmações de Heidegger, não apenas por saber de sua genialidade, como, também, por ter sido ele o filósofo que conseguiu chegar à mais original e significativa interpretação desse "processo de pensamento", cuja repercussão tem sido tão grande, talvez até maior que a do próprio Husserl, seu iniciador.

Além de surpresa, fiquei consideravelmente aliviada e disposta a aceitar a enorme dificuldade que tenho encontrado para compreender a Fenomenologia, não conseguindo deslindá-la completamente até o dia de hoje.

O referido texto do ilustre filósofo inspirou-me, também, a rever o que teria me levado a me interessar e me "apaixonar" pela Fenomenologia, e a chegar, finalmente, a reconhecê-la como o fundamento para a compreensão do existir humano, bem como do meu modo de atuar, decorrente de tal entendimento, em minha vida profissional e pessoal.

Minhas lembranças conduziram-me a refletir sobre as razões que levariam uma psicóloga a ter preferência por esta ou aquela abordagem, num campo de estudos onde há diversidade de enfoques, de idéias e princípios bastante diferentes, sendo alguns deles até mesmo opostos.

O ser humano tem-se preocupado, através dos tempos, com o conhecimento e a compreensão de sua existência no mundo. Profundas reflexões e estudos foram feitos, inicialmente, pelos filósofos; os primeiros psicólogos surgiram apenas no final do século passado, procurando tornar a Psicologia uma ciência objetiva. Wundt foi o iniciador desse movimento, fundando, em 1879, o Primeiro Laboratório de Psicologia Experimental. Desde então, foram surgindo várias abordagens na Psicologia e dentro destas muitas teorias da personalidade.

Uma das razões para a multiplicidade de abordagens no campo da Psicologia da Personalidade é o fato de o psiquismo humano revelar-se através do próprio existir e de ser este muito amplo e complexo. Os fenômenos psíquicos são vividos, imediatamente, pelo psicólogo que os pretende estudar, mas, para manter determinada atitude científica, ele procura estudá-los nas outras pessoas, que passam, então, a ser os sujeitos de suas investigações. Porém, o existir destes sujeitos não apresenta apenas aspectos passíveis de observação, em suas manifestações exteriores, mas contém outros que ficam ocultos aos mais competentes e atentos observadores, por ocorrerem no íntimo das pessoas. Acontece que estas não são transparentes e geralmente não querem revelar a sua intimidade; além disso, passam por fenômenos que, às vezes, nem chegam a perceber, pois ocorrem num nível muito profundo, que é o seu inconsciente.

Acresce, ainda, que o existir cotidiano está repleto de aspectos contrastantes. Assim, por exemplo, somos racionais e livres, mas não podemos negar que também somos determinados pelos condicionamentos; dedicamo-nos ao bem-estar de nossos semelhantes, mas, ao mesmo tempo, nos empenhamos na nossa própria realização pessoal; convivemos com as pessoas e nos relacionamos com os animais e as coisas deste mundo, mas, por outro lado, nos confrontamos com a nossa solidão; experimentamos momentos felizes de grande tranqüilidade, mas não conseguimos evitar as nossas angústias e aflições. Enfim, vivemos mas também morremos, numa paradoxal simultaneidade, pois, a cada dia que passa, estamos caminhando tanto no sentido de viver mais plenamente, como no de morrer mais proximamente...

O existir cotidiano imediato é vivenciado como uma totalidade que integra todos os seus aspectos complexos e contrastantes, porém, o processo racional de teorização é parcial, delimitador. Todos nós sabemos tantas coisas, de modo vivencialmente global, que não

A CAMINHADA PELAS CONCEITUAÇÕES

3

conseguimos explicar de modo preciso e completo. Assim acontece, por exemplo, com a ternura que sentimos por alguém, a alegria que nos envolve e nos engrandece nos momentos felizes, a tristeza que nos invade e nos oprime nos momentos de aflição. Quando me perguntam se eu sei no que consiste cada uma dessas experiências eu digo que sim, mas se me pedirem para defini-las eu posso tentar, porém, todas as minhas explicações deixam-me sempre a sensação de não ter conseguido fazê-lo de modo completo. É o que acontece nessas situações e em tantas outras da vida cotidiana, e também na vivência do psicólogo nos momentos de atuação profissional.

Todas essas complexidades e contrastes têm dificultado a investigação no campo da Psicologia da Personalidade pois, como ciência, ela precisa ser elaborada por meio de princípios claros, logicamente organizados. Esta situação tem levado os seus estudiosos a investigarem o existir humano, focalizando ora uns, ora outros de seus múltiplos e, às vezes, paradoxais aspectos. Assim, foram surgindo as várias teorias psicológicas, tais como a comportamental, a psicanalítica e a humanista, sendo, cada uma delas, um conjunto de formulações coerentemente articuladas, que procuram explicar o ser humano a partir de uma perspectiva que abrange apenas alguns de seus aspectos.

Como estudiosa da Psicologia, tenho refletido muito a respeito dessas dificuldades e, como professora, tenho partilhado da inquietação de meus alunos, quando sentem que precisam adotar uma posição diante da diversidade que percebem nas diferentes teorias. A inquietação aumenta no momento de ultrapassarmos a situação de meros estudiosos e entrarmos na prática; ou, em outras palavras, quando, por exemplo, nos defrontamos com alguém que precisa de nossa atuação e competência profissional, para ajudá-lo a superar as suas dificuldades pessoais.

Freud, Jung, Skinner, Rogers, Binswanger e tantos outros... Qual deles seguir ou adotar como suporte para a nossa prática de psicólogos? Que autores nos fornecem subsídio para compreendermos o modo como vivem as pessoas que solicitam a nossa ajuda, e quais os meios para ajudá-las a viverem melhor?

Acontece que o psicólogo também é objeto de suas investigações e reflexões; e então as perguntas tanto se voltam para os seus clientes como para ele próprio. O modo como tenta compreender e ajudar outras pessoas é, basicamente, o modo como tenta compreender-se e viver do melhor modo possível.

As teorias psicológicas surgem a partir da vivência dos teóricos, não só como estudiosos e profissionais, mas também como seres humanos vivendo cotidianamente nas mais variadas situações.

A ciência psicológica está entrelaçada à vivência do psicólogo; e é na alternância interligada das teorias com sua vivência que ele vai chegando às suas preferências teóricas e convicções, como profissional e como ser humano, que experimenta alegrias e tristezas semelhantes às dos sujeitos que ele pretende conhecer: são convicções imbuídas de conceitos teóricos racionais e de crenças que ele não consegue explicar satisfatoriamente, pois surgem não apenas da coerência de seu raciocínio como, também, de seus sentimentos e de sua vivência imediata global. E estes não estão estagnados, mas continuamente abertos à revisão, mudança e ampliação, conseqüentes aos estudos contínuos e à constante abertura às suas próprias experiências.

Refletindo sobre todos esses fatos, senti necessidade de identificar não apenas as teorias e os autores que me influenciaram, mas também as vivências que teriam contribuído para que eu sofresse essa influência e me encaminhasse para a Fenomenologia.

Enfim, para ser autêntica em minhas enunciações e para facilitar a compreensão — e a crítica — do enfoque de personalidade que apresento neste trabalho, considerei ser indispensável nele incluir os vários elementos que fizeram parte da trajetória que percorri até chegar à sua elaboração. E entre eles encontram-se tantos os componentes racionais e objetivos, como os vivenciais e subjetivos, que estão presentes em todas as elaborações científicas, embora raramente sejam mencionados.

Por todas essas razões, ao redigir este trabalho, precisei adotar um estilo, de certo modo, autobiográfico pois só assim conseguiria dar conta do que pretendia. E me encorajei a fazê-lo por me sentir apoiada por escritores fenomenólogos, entre os quais destaco Merleau-Ponty (1973) quando afirma: "É no contato com nossa própria vivência que elaboramos as noções fundamentais das quais a Psicologia se serve a cada momento" (p. 33).

Assim sendo, o estilo que aqui adoto pode ser considerado como um modo de fazer Fenomenologia, como diria Spiegelberg (1975), ou uma forma de vivê-la, como afirmaria Merleau-Ponty (1973).

2. Vivências Iniciais

A lembrança e reflexão a respeito das primeiras vivências que poderiam ter propiciado o meu encaminhamento para a Fenomenologia reportaram-me, espontaneamente, a uma época em que ainda não tinha o menor interesse pelo estudo de textos científicos: a minha infância. Recordo-me de que, desde criança, tive a preocupação de estar atenta e procurar compreender as minhas próprias experiências e as das pessoas importantes para mim, formando, gradativamente, através das mesmas, de modo intuitivo e global, um conjunto de crenças e princípios sobre o que hoje poderia denominar de personalidade humana.

A partir da juventude, quando comecei a entrar em contato com as obras de Psicologia, lembro-me do quanto algumas delas me intrigaram e impressionaram, por me revelarem algo completamente novo e fascinante, que me inquietava e me levava a refletir sobre aquilo em que até então acreditara, levando-me a modificar ou ampliar as idéias que havia formado sobre o existir humano. Assim foi o meu contato e envolvimento com a Psicanálise.

Por outro lado, e com maior freqüência, no meu percurso como intelectual, várias obras despertaram-me grande interesse, por perceber, ou apenas pressentir, que continham algo para confirmar e esclarecer as minhas convicções. Foi o que aconteceu com a maioria dos

A CAMINHADA PELAS CONCEITUAÇÕES

5

textos de Fenomenologia que, embora me parecessem muito difíceis e desafiassem meu raciocínio, paradoxalmente, também me proporcionavam um sentimento de certa familiaridade; era como se os autores me revelassem, em suas formulações, certo saber elementar, que eu já havia vislumbrado vivencialmente. Isto aconteceu inúmeras vezes, mais sob a forma de sentimento do que de um reconhecimento racional. Por esse motivo, encontro dificuldades em identificar e enunciar pormenores a esse respeito. Consigo, apenas, vislumbrar duas circunstâncias significativamente importantes, ambas decorrentes do convívio com minha mãe.

Uma delas surgiu quando comecei a perceber a enorme oscilação de sentimentos que experimentava em relação a ela. Como mãe extremosa, carinhosa e dedicada proporcionava-me momentos imensamente agradáveis, de amor e compreensão; porém, não de forma comum, mas bastante estranha e, com alguma freqüência, ela se transformava, de modo inexplicável e repentino, numa pessoa profundamente ansiosa e confusa, que não conseguia sequer cuidar de si mesma. Por esse motivo, as minhas experiências de amor, tranqüilidade e segurança alternavam-se, periódica e intensamente, com as de solidão, aflição e insegurança. A angústia e a perplexidade diante dessas intensas oscilações suscitaram-me a necessidade imperiosa de agir no sentido de aliviá-las. E no meu egocentrismo infantil, o recurso do qual comecei a me utilizar foi estar atenta à minha vivência e à dela, para tentar agir de forma a não lhe despertar aquele modo de ser que me afligia intensamente. Tudo isto leva-me, hoje, a supor que, desde criança estive, de certo modo, voltada para refletir sobre a experiência vivida, ou, em outras palavras, para "ir às próprias coisas", que é um princípio fundamental da Fenomenologia de Husserl.

A segunda circunstância, bastante relacionada à primeira, foi a necessidade que, desde muito cedo, tive de amar a outras pessoas, além de minha mãe, e delas me sentir próxima. Minhas reflexões de criança levaram-me a perceber, com muita ansiedade, não ser possível com ela satisfazer, permanentemente, a minha necessidade de amor e carinho, pois, apesar de meus esforços para mantê-la tranqüila e próxima, minha mãe, periodicamente, em decorrência de suas perturbações psicológicas, distanciava-se de mim e se tornava uma pessoa completamente estranha. Isto levou-me, desde a infância, a tentar querer bem a outras pessoas e a me sentir perto delas. Por ser ainda criança, consegui fazê-lo sem defesas ou restrições, iniciando-me e, de certo modo, "exercitando-me", satisfatoriamente, na relação Eu-Tu, apresentada pelo fenomenólogo Buber como a mais humana forma de existir e adquirir conhecimentos.

Tais circunstâncias, que influenciaram profundamente a minha existência, tornaram-se atitudes que até os dias de hoje marcam o meu modo de viver, parecendo-me terem sido as principais propulsoras de meu encaminhamento para a Fenomenologia e meu profundo envolvimento com esta.

Foram essas circunstâncias, também, que, quando jovem, levaram-me a sentir um enorme interesse pela Psicologia e a transformá-la no foco de meus estudos e reflexões.

II - Influência de Psicólogos, Psiquiatras e Filósofos no Pensamento da Autora

Voltando-me para os autores e os textos científicos que tiveram influência no desenvolvimento de minhas idéias, reportei-me, espontânea e agradavelmente, ao início de minha trajetória como leitora de Psicologia, o que aconteceu há cerca de meio século, em 1942, quando ingressei na Faculdade de Filosofia Ciências e Letras "Sedes Sapientiae" (Sedes). Estava eu tranqüilamente entregue às lembranças de minha vida como estudante, quando, de repente, surgiu-me à memória uma inumerável quantidade de livros que "desabaram" sobre mim, envolvendo-me na angustiante sensação de precisar identificar todos eles a fim de poder selecionar os que teriam contribuído para a formação do meu pensamento atual.

Desanimada, interrompi a redação deste texto, ficando distraidamente a olhar para a minha enorme estante de livros, quase todos lidos, alguns com muito interesse e bastante proveito, a maioria deles, porém, lidos com pouco envolvimento e quase completamente esquecidos. Eis que meus olhos fixaram-se, casualmente, em uma antiga revista da PUC-SP, que passei a folhear, lenta e saudosamente, deparando-me, então, com um artigo de Montoro (1976), sobre os objetivos do ensino do Direito; baseado em Pascal, o autor inicia seu artigo afirmando:

> *"Cultura, sob certo aspecto, é o que resta quando a pessoa esquece tudo aquilo que aprendeu... por isso o ensino não pode se limitar a simples informções."* (p.3)

Esta leitura, casual e oportuna, revitalizou o meu ânimo, mostrando-me uma alternativa para rever e selecionar os textos que me influenciaram. Decidi considerar, apenas, os autores e textos que "restaram", por me terem envolvido de forma significativa e profunda, e o que ficou da interpretação que tenho dado às suas idéias, relacionando-as às minhas experiências de vida, tanto profissional como pessoal.

Foi com esta intenção que, sem recorrer às inúmeras anotações de bibliografia de cursos já ministrados ou de textos preparados para conferências ou publicações, procurei lembrar-me dos autores que foram importantes na minha trajetória em direção ao enfoque fenomenológico da personalidade.

Lembrei-me, com muita clareza, do primeiro autor que me havia impressionado profundamente: foi Freud, em 1943, no 2.º ano da Faculdade; a tradução de seus textos, escritos em alemão, ainda não faziam parte do acervo da biblioteca do "Sedes". Por isso havia tomado contato com a psicanálise somente através das aulas expositivas de alguns professores; mas, estas haviam sido suficientes para me deixarem encantada com suas revelações sobre o inconsciente, o dinamismo deste e suas influências no modo de pensar e de agir das pessoas, sem que elas disso se apercebessem. Embora fosse grande o meu interesse, não

A CAMINHADA PELAS CONCEITUAÇÕES

consegui, nessa ocasião, por falta de material bibliográfico, continuar meus estudos sobre a Psicanálise, o que só aconteceu vários anos depois, quando, retornando ao "Sedes" para cursar a Pós-Graduação, entrei em contato com as *Obras Completas* de Freud. Foi quando, além da oportunidade de aprofundar vários conceitos, conheci a Psicanálise como método psicoterapêutico e iniciei-me na sua prática, com a supervisão de professores. Não cheguei a me tornar uma psicanalista, mas, os conhecimentos que adquiri nesse campo foram tão marcantes que, desde então, os tenho mantido e considerado, procurando estar atenta às possíveis interferências do inconsciente na maneira de pensar e agir de meus clientes e esforçando-me por desvendá-las em minha própria vivência.

O segundo autor que me impressionou profundamente foi Rogers. Iniciei meu contato com suas idéias, casualmente, em 1965, quando coordenei um curso de reciclagem para professores secundários da rede oficial de ensino, organizado pelo "Sedes", em convênio com a CAPES e a USP. Maria José Werebe, então professora da USP, utilizou, nesse curso, uma apostila com o resumo do livro *Client Centered Terapy* desse autor (1951), que despertou meu interessse pela sua perspectiva a respeito da personalidade humana. Passei, então, a localizar e ler esta e outras obras desse psicólogo americano (1942, 1951, 1954, 1961), que encontrei na biblioteca da USP. Meu envolvimento com Rogers tornou-se tão grande, que elaborei a minha Tese de Doutorado (Forghieri, 1972), adotando como referencial teórico, as suas formulações sobre a personalidade e a psicoterapia. Nas atitudes facilitadoras propostas por Rogers (1961, 1967, 1971) havia encontrado os fundamentos para a atuação que já vinha desenvolvendo, desde o início de minha carreira, como docente e como psicoterapeuta.

Devido a referências feitas por esse autor, fiquei conhecendo algumas idéias do filósofo Buber, pelo qual interessei-me profundamente, passando a ler, de suas obras, todas aquelas que consegui encontrar na ocasião (1947, 1955, 1971). Acabei concluindo, em minha Tese, que as três atitudes facilitadoras apresentadas por Rogers (consideração incondicional, compreensão empática e congruência) fundamentavam-se na relação Eu--Tu, formulada por Buber, sendo esta a propiciadora do crescimento e amadurecimento psicológico das pessoas e, também, o ponto de partida para a recuperação das que se encontram psicologicamente enfermas.

Buber é meu filósofo preferido até o dia de hoje; estou sempre em busca de suas obras, procurando encontrar e ler aquelas que estão relacionadas ao psiquismo humano (1974, 1977, 1982). Entretanto, fui, gradativamente, afastando-me de Rogers, por várias circunstâncias, algumas das quais lembro nitidamente. Uma delas ocorreu na defesa pública de minha Tese de Doutoramento, em 1973, a partir de observações feitas por um dos examinadores, o competente, querido e saudoso Dante Moreira Leite. Ele alertou-me para o fato de que eu estava interpretando Rogers, além do próprio Rogers; em outras palavras, indo mais a fundo do que o autor pretendia. Concluiu que eu era muito mais fenomenóloga do que rogeriana e aconselhou-me a estudar Fenomenologia. Na semana seguinte, presenteou-me com dois livros dos psiquiatras e psicólogos fenomenólogos Boss (1963) e Binswanger (1963), naquela ocasião ainda não existentes nas bibliotecas e livrarias de São Paulo.

Foi assim que me iniciei-me, conscientemente, no enfoque fenomenológico em Psicologia, ao qual dedico-me até hoje. O professor Dante Moreira Leite teve influência decisiva nesta escolha, não só devido às suas palavras e aos importantes livros que me deu, como, também, porque a sua orientação veio esclarecer várias insatisfações que eu já começara a sentir a respeito da teoria de Rogers. Estas foram-se acentuando nos anos seguintes, em decorrência de algumas situações que vivenciei em minha vida profissional e pessoal.

Na atuação profissional comecei a notar que alguns de meus clientes encontravam muita dificuldade em vivenciar comigo as atitudes facilitadoras de consideração positiva e compreensão empática, aliando-as à congruência. Conforme pude verificar com eles, posteriormente, isto acontecia por se sentirem tolhidos em sua agressividade, que era sua atitude habitual no relacionamento com as pessoas. Dialogando com os alunos e observando-os na sala de aula, onde também adotava as três atitudes facilitadoras, verifiquei que o mesmo acontecia com alguns deles. Por outro lado, ao analisar a história de vida de minha mãe, observei que todo empenho da família e dos amigos no sentido de aceitá-la e compreendê-la, empaticamente, em nada havia contribuído para aliviar as suas crises de angústia e impedir o agravamento progressivo da sua enfermidade psicológica.

Tudo isto levou-me a questionar a teoria geral das relações humanas proposta por Rogers (1971), e a concluir que nem sempre a manifestação das atitudes facilitadoras de pessoas significativas, desperta atitudes semelhantes nos sujeitos e os direciona para o amadurecimento. Sem deixar de reconhecer a importância da aceitação e do amor, mas apenas colocando-os, na expressão de Husserl, "entre parênteses", comecei a refletir a respeito da raiva e da agressividade, imaginando que também poderiam contribuir, de algum modo, para o crescimento psicológico das pessoas. Já aprendera que ser amado e amar eram necessários ao processo de crescimento, mas ser ofendido e reagir também deviam fazer parte desse processo. O próprio Rogers deixara transparecer, em uma entrevista filmada, como se sentira revoltado com a educação excessivamente restritiva que recebera de seus pais e o quanto isto o estimulara para elaborar sua teoria do relacionamento interpessoal tornando-se, assim, renomado psicólogo.

Uma situação de injustiça, ocorrida comigo numa Instituição onde eu lecionava, também contribuiu para fortalecer a minha idéia dos aspectos positivos da agressividade: a coordenadora do curso, com bastante má fé, de forma velada e utilizando-se de mentiras, pretendeu — e quase conseguiu — afastar-me da docência do mesmo. Tomei conhecimento disto, casualmente, através de uma funcionária e alguns alunos, a tempo de me defender, tratando do problema abertamente com a coordenadora e esclarecendo os fatos junto às autoridades superiores; desse modo consegui permanecer no curso, mais fortalecida e segura. Lembro-me, nitidamente, do quanto a raiva e o sentimento de revolta pela injustiça sofrida despertaram toda a minha competência no sentido de me defender de forma leal e eficiente. Percebi, com muita clareza, os aspectos agressivos de minha personalidade, até então muito pouco explorada e o quanto estes podiam favorecer o desabrochar de meus recursos pessoais.

A CAMINHADA PELAS CONCEITUAÇÕES

A recordação desse fato trouxe-me à lembrança um curso sobre Rogers, durante o qual assisti a um filme sobre "Três abordagens em psicoterapia: Rogers, Perls e Ellis". A princípio fiquei muito chocada com a atuação de Perls, quando desafiou frontalmente a cliente que fora tratada pelos três, chamando-a de criança, como se duvidasse ser ela capaz de agir como adulta. Esta, inicialmente, ficou muito magoada, chorando, como sempre fazia quando se sentia agredida, mas, à medida que ele continuou a desafiá-la, ela foi começando a se sentir revoltada, reagiu e chegou a brigar abertamente com ele, passando, então, a defender-se como uma pessoa adulta. Após este desfecho concluí que as atitudes facilitadoras de Rogers — que a atendera anteriormente — não haviam sido "suficientes" para livrá-la de suas constantes lamentações e prolongadas crises de choro. Contudo, não era essa a intenção dos organizadores do filme, que haviam pretendido, através da atuação contrastante dos dois psicoterapeutas, dar destaque e valorizar o "calor humano" das atitudes de Rogers.

Nesse panorama, um acontecimento trágico contribuiu para abalar ainda mais a minha visão otimista da personalidade: meu pai, um homem caridoso, que sempre ajudara material e espiritualmente as pessoas que dele necessitavam, foi violentamente assassinado, à queima roupa, por um ladrão, dentro do seu próprio lar. Minha mãe, meus irmãos e eu vivemos momentos de enorme sofrimento; a perda irreparável de uma pessoa tão querida, a revolta com o acontecimento, a ação precária da polícia... Entretanto, a própria tragédia trouxe uma grande aproximação entre nós, um partilhar conjunto do enorme sofrimento, que acabou convertendo-se em muito amor... amor entre nós e amor de outros familiares e de uma porção de amigos que nos confortaram nesse momento tão difícil de nossa vida! Quantos sentimentos opostos e coexistentes vivemos nessa ocasião: raiva e amor, revolta e solidariedade.

Os acontecimentos anteriores e principalmente este último, tão profundamente dramático, deixaram-me confusa durante algum tempo, até o momento em que comecei a aceitar os paradoxos da existência, seus aspectos contrastantes, os quais, de certo modo, incompreensivelmente, articulam-se e complementam-se, passando a constituir uma unidade. Recordei-me da vivência com minha mãe, na infância, que me proporcionara experimentar, com muita angústia, os primeiros contrastes da minha existência.

Todos esses fatos despertaram o meu interesse pela versão existencialista da Fenomenologia, que mostra as ambigüidades do existir humano, enfatizando a angústia e o sofrimento.

Foi assim que, depois de um período inicial de estudos de textos de Freud, seguido de estudos aprofundados de Rogers e, posteriormente, de Buber, Binswanger e Boss, passei à leitura de filósofos existencialistas como Kierkegaard (1964, 1972), Nietzsche (1973), Sartre (1972) e Heidegger (1971a). Eu sentia uma necessidade enorme de estudar e refletir a respeito do sofrimento, da angústia, do nada, da solidão humana, pois até então já estivera voltada, exageradamente, apenas para a satisfação, o amor, a bondade e a solidariedade humana. Gradativamente, fui compreendendo o enfoque fenomenológico como aquele que realmente abarca o existir humano em sua totalidade, abrangendo a tristeza e a alegria, a angústia e a tranqüilidade, a raiva e o amor, a vida e a morte, como pólos que se articulam numa única estrutura e cuja vivência dá a cada um dos extremos, aparentemente opostos, o seu real significado. Sabemos, verdadeiramente, o que é a tranqüilidade, ao vivenciar uma situação de angústia; sentimo-nos profundamente sozinhos quando já partilhamos nosso existir com alguém; sabemos, de fato, no que consiste o infortúnio, se já tivemos ocasião de nos sentirmos felizes.

Completando a lembrança de autores que me influenciaram, recordei-me de um encontro ocasional e oportuno, em 1978, com Dr. Van Acker, um antigo mestre do "Sedes", que me proporcionou, por sua sugestão, tomar conhecimento e envolver-me com a obra do psiquiatra e psicólogo fenomenólogo Berg, van den (1973). Depois deste, por indicação bibliográfica de Binswanger, fui ao psiquiatra Minkowski (1970), pelo qual me interessei, sentindo um grande envolvimento com suas idéias.

O estudo de psiquiatras fenomenólogos, tais como Binswanger, Boss, Berg, van den e Minkowski levaram-me a sentir necessidade de entrar em contato com os filósofos nos quais fundamentavam suas formulações; passei, então, a examinar textos de Husserl (1965, 1967, 1970) e de Heidegger (1971, 1972), com o objetivo de esclarecer e aprofundar as referidas formulações. A leitura de obras destes filósofos foi, para mim, inicialmente, bastante difícil, pois, além de serem muito complexas, levaram-me a ter que me debruçar e refletir sobre temas bastantes abstratos, quando até então estava habituada a estudar assuntos relacionados à vivência ou ao psiquismo humano, procurando deles extrair ensinamentos que propiciassem melhorar a minha atuação profissional.

De Husserl e Heidegger, fui ao filósofo Merleau-Ponty (1971, 1973), cujos textos facilitaram-me o estabelecimento de relações entre a reflexão filosófica e a reflexão sobre a vivência, propiciaram-me reduzir as dificuldades inicialmente encontradas e me encorajaram a chegar ao meu próprio modo de compreender a Fenomenologia.

III - Razões para a Elaboração de um Enfoque Fenomenológico da Personalidade

O enfoque fenomenológico em Psicologia surgiu no campo da Filosofia, no início deste século, mas só tomou impulso e se desenvolveu a partir da década de 50; até os dias atuais, entretanto, não chegou a constituir um conjunto de princípios articulados, unanimemente aceito pelos psicólogos que o adotam.

Isto acontece devido a uma série de dificuldades que surgem quando estes cientistas procuram explicitá-lo. Uma delas decorre do fato desse enfoque ter como suporte fundamentos filosóficos que são estritamente abstratos, e a Psicologia ser uma ciência de fatos, que está voltada para a concretude da vivência. Tal dificuldade é significativamente ampliada, em virtude da Fenomenologia apresentar-se apenas como um método de investigação do

A CAMINHADA PELAS CONCEITUAÇÕES

fenômeno; embora, este seja inseparável da atitude originada do modo como ela considera o fenômeno, não chega a constituir um conjunto de princípios igualmente interpretados pelos filósofos a ela pertencentes.

Nesse panorama, têm surgido algumas propostas de enfoque fenomenológico na Psicologia elaboradas principalmente por psiquiatras e psicólogos europeus, que contêm importantes contribuições para a compreensão do existir humano, priorizando uma ou algumas de suas características básicas, não chegando, entretanto, a constituir um enfoque psicológico pormenorizado da personalidade.

Alguns psicólogos americanos, tais como Giorgi (1978), Keen (1979) e Kruger (1981) também se têm dedicado à elaboração de uma Psicologia Fenomenológica. Entre estes, Giorgi (1985), que é o mais renomado, considera que "uma genuína Psicologia Fenomenológica ainda não existe, e a razão é o fato da Fenomenologia ser compreendida basicamente como uma filosofia, com implicações para a Psicologia, ao invés de contribuir concretamente para o desenvolvimento de uma Psicologia Fenomenológica" (p. 5).

A falta de uma abordagem fenomenológica pormenorizada da personalidade, elaborada em linguagem psicológica e não apenas filosófica que reúna os aspectos mais importantes da vivência humana, tem dificultado sobremaneira a compreensão e explicitação dos fundamentos fenomenológicos que norteiam a prática profissional no campo da psicoterapia, do ensino e da pesquisa. Neste último, especialmente, verifica-se uma quase impossibilidade de interpretação e comparação dos resultados das investigações, fato que prejudica o progresso e aprimoramento do próprio enfoque fenomenológico da personalidade, pois faltam, a este, alguns parâmetros a serem verificados de forma sistematizada, a fim de serem confirmados e ampliados ou refutados e enriquecidos com novas formulações.

Considero que o princípio básico do método fenomenológico (introduzido por Husserl), de "ir às próprias coisas", ou, em outras palavras, de ir ao próprio fenômeno para desvendá-lo, tal como "se mostra em si mesmo", independentemente de teorias a seu respeito, refere-se a estas, tal como têm sido elaboradas por meio da utilização do método experimental, que não leva em conta a intencionalidade. Entretanto, não diz respeito às várias formulações que têm surgido através do emprego do próprio método fenomenológico. Julgo importante que tais formulações sejam levadas em conta na realização de pesquisas fenomenológicas, não como métodos rígidos de interpretação, mas, como parâmetros flexíveis que permitam confirmá-las, descrevendo-as melhor, ou refutá-las, modificando-as; nesse processo, a vivência humana deve sempre servir de contraponto, pois, na Psicologia, ela é a origem de todas as elaborações conceituais.

Penso que a crítica feita pela Fenomenologia à elaboração e utilização de teorias, neste caso, psicológicas, diz respeito ao modo pretensamente objetivo como estas têm sido elaboradas e utilizadas.

Por todas as razões acima descritas, considerei que a elaboração de um enfoque fenomenológico da personalidade seria uma significativa contribuição para esta área da Psicologia ainda pouco explorada sob tal perspectiva.

A FENOMENOLOGIA E SUAS RELAÇÕES COM A PSICOLOGIA

I - Introdução

Este capítulo foi elaborado com suporte nas principais idéias de Husserl, por ter sido ele o iniciador da Fenomenologia moderna, na qual está fundamentado o método que adoto neste trabalho.

Além desse renomado filósofo, recorri, também, a ensinamentos de Merleau-Ponty, por ter sido importante continuador de Husserl e por ter desenvolvido as idéias deste, no sentido de esclarecer as possibilidades de articulação entre a Fenomenologia e a Psicologia.

Não tive a preocupação de comparar as idéias de tais filósofos e nem de apresentar a evolução do pensamento de Husserl. Meu objetivo foi, apenas, o de apresentar, resumidamente, as principais idéias deste filósofo e ampliá-las com formulações de Merleau-Ponty para tentar mostrar a viabilidade de sua utilização no campo da Psicologia.

Preliminarmente, apresento, de modo sucinto, o panorama da época na qual surgiu a Fenomenologia de Husserl, para facilitar a compreensão de suas idéias; e a seguir, os temas que considerei importantes para o esclarecimento do seu método.

Os dez últimos anos do século XIX, que antecederam as publicações de Husserl sobre a Fenomenologia,

> *"se caracterizam, na Alemanha pela derrocada dos grandes sistemas filosóficos tradicionais... É a ciência que doravante preenche o espaço deixado vazio pela filosofia especulativa e, sobre o seu fundamento, o positivismo, para o qual o conhecimento objetivo parece estar definitivamente ao abrigo das construções subjetivas da metafísica."* (Dartigues, 1973, p. 16.)

Entretanto, nesse mesmo período, a segurança do pensamento positivista também começa a ser abalada, com questionamentos relativos aos fundamentos e ao alcance de seus postulados, em virtude de serem elaborados por um sujeito concreto, ficando, portanto, dependentes do psiquismo humano.

> *"A essas questões, os últimos ramos do pensamento kantiano ou neokantiano tentam responder, concebendo um "sujeito puro" que asseguraria a objetividade e a coerência dos diferentes domínios do conhecimento objetivo."* (Idem, p. 17.)

Mas as dúvidas quanto à existência desse "sujeito puro" e as preocupações com o sujeito concreto em sua vida psíquica imediata passam a ter predominância nessa época, preparando o terreno para o aparecimento da Fenomenologia moderna. Entre as obras importantes, que para ela contribuíram, encontram-se as dos filósofos Brentano (*Psicologia do Ponto de Vista Empírico,* 1884) e Dilthey (*Idéias Concernentes a uma Psicologia Descritiva e Analítica,* 1894), que censuram as ciências humanas — especialmente a Psicologia — por terem adotado o método das ciências da natureza, cujo objeto de estudo é diferente. Dilthey afirma que a natureza só é acessível indiretamente, a partir de explicações sobre fatos e elementos, mas que a vida psíquica é uma totalidade da qual temos compreensão intuitiva e imediata; considera que o sentimento de viver é o solo verdadeiro das ciências humanas e o método compreensivo, o único adequado à sua investigação.

Brentano, cujas idéias exerceram grande influência no pensamento de Husserl, estabelece profundas diferenças entre os eventos físicos e os fenômenos psíquicos, afirmando que nestes existe intencionalidade e um modo de percepção original, imediato. Propõe o retorno às experiências vividas e a descrição autêntica destas, livre de todo o pressuposto genético ou metafísico; suas investigações, porém, permaneceram limitadas ao âmbito da Psicologia (Kelkel e Scherer, 1982).

Nesse panorama surgem, no início do século XX, as primeiras obras sobre Fenomenologia, de Husserl (1901, 1907, 1911), que, embora partindo das idéias de Brentano sobre a intencionalidade, vai além deste, investigando-a na "vivência de consciência" como tal, e chegando a uma análise profunda do conhecimento, que ultrapassa os limites da Psicologia. Sua obra consiste, sobretudo, em problematizar o próprio conhecimento e na apresentação da Fenomenologia como o único método para chegar a verdades apodícticas, evidentes. Pretende, através deste, estabelecer o fundamento radical da Filosofia, bem como a base primordial de todo o saber humano.

II - Temas Fundamentais

1. O retorno às "coisas mesmas" e a intencionalidade

Questionando os sistemas especulativos da Filosofia e as teorias explicativas das ciências positivas, Husserl propõe retornar a um ponto de partida que seja, verdadeiramente, o primeiro.

"Não é das Filosofias que deve partir o impulso da investigação, mas sim das coisas e dos problemas... Aquele que é deveras independente de preconceitos não se importa com uma averiguação ter origem em Kant ou Tomás de Aquino, em Darwin ou Aristóteles... Mas é precisamente próprio da Filosofia, o seu trabalho científico situar-se em esferas de intuição direta." (Husserl, 1965, pp. 72 e 73.)

Afirma querer "voltar às coisas mesmas", considerando-as como o ponto de partida do conhecimento. Entretanto, a "coisa mesma" é entendida por ele não como realidade existindo em si, mas como fenômeno, e o considera como a única coisa à qual temos acesso imediato e intuição originária; o fenômeno integra a consciência e o objeto, unidos no próprio ato de significação. A consciência é sempre intencional, está constantemente voltada para um objeto, enquanto este é sempre objeto para uma consciência; há entre ambos uma correlação essencial, que só se dá na intuição originária da vivência.

A intencionalidade é, essencialmente, o ato de atribuir um sentido; é ela que unifica a consciência e o objeto, o sujeito e o mundo. Com a intencionalidade há o reconhecimento de que o mundo não é pura exterioridade e o sujeito não é pura interioridade, mas a saída de si para um mundo que tem uma significação para ele.

2. A redução fenomenológica e a intuição das essências

A redução é o recurso da Fenomenologia para chegar ao fenômeno como tal, ou à sua essência; pode ser sintetizada em dois princípios: um negativo, que rejeita tudo aquilo que não é apodicticamente verificado; outro positivo, que apela para a intuição originária do fenômeno, na imediatez da vivência.

Na vida cotidiana temos uma atitude natural diante de tudo o que nos rodeia, acreditando que o mundo existe por si mesmo, independentemente de nossa presença. A atitude natural, não refletida, ignora a existência da consciência, como a "doadora" de sentido de tudo o que a nós se apresenta no mundo. Por isso é necessário refletir sobre nossa vida cotidiana, para que se revele a existência de nossa consciência. Desse modo, suspendemos, ou colocamos fora de ação, a nossa fé na existência do mundo em si e todos os preconceitos e teorias das ciências da natureza dela decorrentes. Deixamos fora de ação, também, a consciência, considerada independentemente do mundo, e as teorias das ciências do homem, como a Psicologia, elaboradas a partir desse preconceito.

A redução não é uma abstração relativamente ao mundo e ao sujeito, mas uma mudança de atitude — da natural para a fenomenológica — que nos permite visualizá-los como fenômeno, ou como constituintes de uma totalidade, no seio da qual o mundo e o sujeito revelam-se, reciprocamente, como significações.

No que diz respeito à teoria do conhecimento propriamente dita, só atingimos a plena evidência do fenômeno na concordância entre a intuição e a significação, pois os conceitos sem intuição estão vazios. A significação não é preenchida apenas na intuição sensível, mas na intuição eidética, ou "categorial", na qual a evidência da essência, ou "a coisa mesma", tem acabamento.

> *"A essência (Eidos) é um objeto de um novo tipo. Tal como na intuição do indivíduo ou intuição empírica, o dado é um objeto individual, assim o dado da intuição eidética é uma essência pura."* (Husserl, 1986, p. 21.)

Mas a intuição eidética não implica numa atitude mística, não devendo ser entendida como uma extrapolação da intuição sensível para um domínio supra-sensível, pois é sempre "fundada" no sensível, sem se confundir com ele.

> *"Não há intuição da essência se o olhar não tem a livre possibilidade de se voltar para um indivíduo correspondente e de adquirir a consciência de um exemplo; em contrapartida, não há intuição do indivíduo sem que se possa operar livremente a ideação e, ao fazê-lo, dirigir o olhar sobre a essência correspondente, que a visão do indivíduo ilustra como um exemplo."* (Idem, p. 22.)

Entretanto, embora estejam inteiramente relacionadas, essas duas "classes" de intuição são, em princípio, distintas. As distinções entre elas correspondem às relações essenciais entre existência (no sentido do que existe como indivíduo) e essência.

Introduzindo a noção de "visão das essências" (Wesenschau), Husserl procura fundamentar um processo de conhecimento ao mesmo tempo concreto e filosófico, ligado à vivência e capaz de universalidade, através do particular.

Assim sendo, o estudo da vivência, efetuado pela Psicologia, pode levar à descoberta de essências, pois o conhecimento dos fatos implica uma visão da essência, mesmo que quem o pratique esteja preocupado apenas com os fatos. Isto não significa que exista uma Psicologia "a priori", ou uma Psicologia dedutiva, pois a "visão das essências" consiste numa "constatação eidética", devendo a Psicologia Fenomenológica ser uma ciência basicamente descritiva. Em outras palavras, não há um sistema de axiomas, como na Matemática, através do qual o psicólogo poderia construir as diferentes entidades ou realidades psíquicas; isto porque, quando refletimos sobre nossa vivência ou a de nossos semelhantes, não descobrimos "essências exatas", isto é, suscetíveis de uma determinação unívoca, mas "essências morfológicas", inexatas por essência e cujos conceitos são descritivos (Husserl, 1986, p. 163).

> *"O psíquico é vivência averiguada na reflexão auto-evidente, num fluxo absoluto, como atual e já esmorecendo, perdendo-se constantemente e evidentemente num passado. O psíquico está integrado numa continuidade geral 'monádica' da consciência, numa unidade própria que nada tem a ver com o Tempo, o Espaço e a causalidade."* (Husserl, 1965, p. 33.)

A FENOMENOLOGIA E SUAS RELAÇÕES COM A PSICOLOGIA

A ideação que chega às essências morfológicas, cuja extensão é flexível e fluida, é radicalmente distinta daquela que apreende as essências por simples abstração, chegando a conceitos ideais fixos e exatos. "As essências da vivência não são abstratas, mas concretas." (Husserl, 1986, p. 163.)

A Fenomenologia pertence às disciplinas eidético-concretas, propondo-se a ser uma "ciência descritiva das essências da vivência". (*Idem*, p. 166.) Por isso encontra-se intimamente relacionada à Psicologia, fornecendo-lhe os seus fundamentos.

> *"Assim, a Fenomenologia é a instância para julgar as questões metodológicas básicas da Psicologia. O que ela afirma, em geral, o psicólogo precisa reconhecer, como condição da possibilidade de toda sua metodologia ulterior."*
> (Idem, p. 188.)

3. A reflexão fenomenológica, o mundo da vida e a intersubjetividade

> *"O método fenomenológico move-se, integralmente, em atos de reflexão", mas a reflexão tem, aqui, um sentido próprio que precisa ser esclarecido"* (Husserl, 1986, p. 172).

O eu vive no mundo, mas não se encontra delimitado àquilo que vivencia no momento atual, pois pode, também, dirigir seu pensamento para o que já vivenciou anteriormente, assim como para as prospecções que faz em relação a coisas que tem a expectativa de vir a vivenciar.

O psicólogo, na atitude natural, considera todos esses acontecimentos como fatos, procurando estabelecer relações entre eles e deles com outros fatos, para explicar o psiquismo humano.

Porém, ele pode refletir sobre tudo isto, em atitude fenomenológica tanto em nível superior de universalidade, ou de acordo com aquilo que se põe de manifesto como essencial, para formas especiais de vivência. Neste caso, todos aqueles fatos e explicações são colocados entre parênteses ou fora de ação, permitindo a reflexão sobre a experiência variada da vivência, chegando ao que lhe é essencial, ou invariável nas suas transformações.

Se eu considerar o exemplo de uma vivência de alegria, na qual eu "desapareço", ao completar um trabalho com eficiência; fizer uma "suspensão" dos fatos nela envolvidos e refletir sobre o seu agradável decorrer,

> *"a alegria se converte na vivência visualizada e imediatamente percebida, que flutua e declina deste ou daquele modo, ante a mirada da reflexão... A primeira reflexão sobre a alegria encontra-se presente com esta, atualmente, mas não como iniciante nesse mesmo momento. A alegria está aí como algo que segue durando, já anteriormente vivido, no que apenas não se haviam fixado os olhos."* (Husserl, 1986, p. 174.)

Posso, então, refletir sobre a reflexão da alegria e fazer uma distinção entre a alegria vivida mas não visualizada e a alegria visualizada, e, igualmente, as modificações que trazem consigo os atos de apreender, explicitar etc., que entram em jogo na visualização da mesma.

> *"As reflexões, por sua vez, também são vivência e podem, enquanto tal, tornar--se substratos de novas reflexões, e assim 'ad infinitum'."* (Idem, p. 173.)

Entretanto, embora possa refletir sobre a vivência reflexiva, esta, em última análise, remonta ao "mundo da vida", ou à minha vivência imediata, pré-reflexiva.

> *"A vivência originária, em sentido fenomenológico... tem em sua concreção apenas uma fase absolutamente originária, embora em fluxo contínuo, que é o momento do 'agora vivo'."* (Idem, p. 177.)

Esse "agora vivo" perene é o ponto de partida de todas as nossas reflexões. Porém, é apenas refletindo sobre minha vivência reflexiva que chego a compreender a minha vivência originária como uma totalidade, ou um fluxo contínuo de retenções e protensões, unificado nesse "agora vivo", que é o "mundo da vida".

A reflexão fenomenológica vai em direção ao "mundo da vida", ao mundo da vivência cotidiana imediata, no qual todos nós vivemos, temos aspirações e agimos, sentindo-nos ora satisfeitos e ora contrariados.

Os pensamentos, as representações têm origem nessa vivência pré-reflexiva, ou "antepredicativa", que é anterior a toda a elaboração de conceitos e de juízos; até as mais abstratas e sofisticadas formulações científicas partem dessa vivência. A ciência não começa quando articula uma teoria, resultante de suas investigações; ela tem início com a intenção do cientista ao desejar esclarecer um problema que surgiu em sua vivência cotidiana.

Por isso a Fenomenologia

> *"incita o cientista a reencontrar, numa ciência, sua própria história, que nela se sedimentou,... buscar em que, para além de todas as mediações, ela repousa sobre o mundo da vida e não no ar."* (Husserl, referido por Dartigues, 1973, p. 80.)

A "suspensão" fenomenológica não é feita apenas em relação ao mundo, mas abrange, também, o próprio sujeito, que é, então, tomado como tema de reflexão, deixando aparecer o eu puro ou o "ego transcendental", como expectador imparcial, apto a apreender tudo o que a ele se apresente como fenômeno.

> *"Todo o sentido e todo o ser imagináveis fazem parte do domínio da subjetividade transcendental, enquanto constituinte de todo o sentido e todo o ser... O ser e a*

consciência pertencem essencialmente um ao outro." (Extrato de Meditações Cartesianas de Husserl, em Kelkel e Scherer, 1982, p. 101.)

Sob outro aspecto, em sua vivência cotidiana, os seres humanos, embora tenham suas próprias peculiaridades, existem todos no mundo, constituindo-o e constituindo-se, simultaneamente. Possuímos, de certo modo, uma "comunalidade", pois todos nós vivemos no mundo e existimos uns com os outros, com a capacidade de nos aproximarmos e de compreendermos mutuamente as nossas vivências. "A partir da intersubjetividade constituída em mim, constitui-se um mundo objetivo comum a todos." (*Idem,* p. 102).

Assim sendo, o mundo recebe o seu sentido, não apenas a partir das constituições de um sujeito solitário, mas do intercâmbio entre a pluralidade de constituições dos vários sujeitos existentes no mundo, realizado através do encontro que se estabelece entre eles.

III - Possibilidades de Articulação entre a Fenomenologia e a Psicologia

Este tema encontra-se enraizado na problemática das relações entre Filosofia e Ciência.

A Filosofia apresenta-se como conhecimento da profundidade ou do fundamento; propõe-se a captar a totalidade como tal e a individualidade como tal, interligando-as. Ela pretende eliminar, progressivamente,

> *"todas as instâncias fundadoras que ainda só se apresentam afetadas por um certo caráter de regionalidade... para chegar a um saber verdadeiramente universal, isto é, saber da totalidade, não no sentido de um sistema que englobasse todos os conhecimentos, mas no sentido de uma apreensão de fundamentos universais".* (Landrière, 1977, pp. 180 e 181.)

A tarefa característica da Filosofia é elucidar a natureza própria da vida universal, ou a gênese do mundo, mas ela tem que pagar por este empreendimento, com sua incapacidade de conhecer o mundo em seu conteúdo concreto.

A Ciência apresenta-se como conhecimento da realidade concreta; visa a ser objetiva e a abranger um domínio particular, delimitado e sem profundidade. Sua prática assumiu surpreendente êxito na época atual;

> *"... suas implicações no nível de habilitação técnica e sua universalidade revelam-se, cada vez mais, como forma privilegiada de conhecimento... trazendo a idéia de que somente o método científico é capaz de nos obter uma visão do mundo que seja aceitável."* (Landrière, 1977, p. 6.)

Desse modo, assume uma posição reducionista e autoritária, pois

> "... pretende aplicar a todos os domínios e todas as situações aquilo que só é legítimo e fecundo no domínio do ensinamento verificável." (Idem, p. 157.)

Examinadas sob a perspectiva acima descrita, de acordo com a qual vêm sendo consideradas, tradicionalmente, a Filosofia e a Ciência, a Fenomenologia e a Psicologia seriam dois campos distintos do saber que se apresentariam como inconciliáveis.

Entretanto, é possível, também, sob outra perspectiva, chegar a algumas aproximações entre ambas. Assim, verifica-se que tanto a Ciência como a Filosofia aparecem como especificações da idéia de conhecimento racional, e na medida em que se apresentam como "portadoras de uma metodologia da verdade, existe uma questão concernindo as relações entre elas" (Landrière, 1977, p. 157).

Poder-se-ia considerar que, sob um ponto de vista existencial,

> "ambas constituem procedimentos globais em que o homem se compromete inteiramente e através dos quais tenta instaurar, de maneira satisfatória, suas relações com o mundo e consigo mesmo." (Idem, p. 158.)

A Fenomenologia de Husserl, contribuiu, consideravelmente, para a possibilidade de estabelecimento de relações entre a Filosofia e a Psicologia, pois, embora ele tivesse a intenção de chegar ao fundamento do próprio conhecimento e de todo saber, tomou o mundo vivido como ponto de partida para realizar este seu ideal. Além disso, Husserl não chegou a elaborar um sistema filosófico completo, pois revelou estar sempre revendo e recomeçando este empreendimento, até o final de sua vida, sem chegar a reconhecer que o havia completado. Este fato pode ser observado em referências que faz em algumas de suas obras, como no Epílogo de *Idéias Relativas a uma Fenomenologia Pura e uma Filosofia Fenomenológica,* onde afirma:

> "Se por um lado o autor precisou praticamente rebaixar o ideal de suas aspirações filosóficas, ao de um simples principiante, por outro lado chegou, com a idade, à plena certeza de poder chamar-se um efetivo principiante... Vê estendida diante de si a terra infinitamente aberta da verdadeira Filosofia, a 'terra prometida' que ele mesmo já não verá plenamente cultivada." (Husserl, 1913, tradução publicada em 1986, p. 304.)

Ele chegou a sentir-se desanimado e desiludido, como quando afirmou na última de suas publicações, editada originalmente em 1938, ano de sua morte:

A FENOMENOLOGIA E SUAS RELAÇÕES COM A PSICOLOGIA

"Filosofia como ciência séria, rigorosa, apoditicamente rigorosa — sonho que se desfez." (1954, p. 508.)

Aquiles von Zuben, durante a argüição do meu trabalho de Livre-Docência, informou-nos que Husserl, nos instantes que antecederam à sua morte, referindo-se à sua obra, disse à enfermeira que o assistia: "Eu precisaria começar tudo de novo".

Todos esses fatos levaram-me a refletir sobre o inacabamento da Fenomenologia, reconhecido pelo seu próprio iniciador.

Heidegger, que foi eminente discípulo de Husserl, também considera que a compreensão da Fenomenologia depende unicamente de apreendê-la como possibilidade.

"O que ela possui de essencial não é ser real como corrente filosófica" (Heidegger, 1971, p. 49).

"Ela não é nenhum movimento, naquilo que lhe é mais próprio. É possibilidade de pensamento... de corresponder ao apelo do que deve ser pensado." (Heidegger, 1972, p. 107.)

Segundo Merleau-Ponty (1971), outro importante discípulo de Husserl, a Fenomenologia

"existe como movimento, antes de alcançar uma completa consciência filosófica. Ela está a caminho há muito tempo; seus discípulos se encontram em todos os lugares... (p.6). Se fôssemos espírito absoluto a redução não seria problemática. Mas já que, pelo contrário, estamos no mundo, já que mesmo nossas reflexões têm lugar no fluxo temporal que procuram captar, não há pensamento que envolva todo pensamento." (p. 11.)

É por isso que a Fenomenologia não deve ser considerada como acabada naquilo que já pôde dizer de verdadeiro. O seu inacabamento e o contínuo prosseguimento de sua marcha são inevitáveis, pois ela pretende desvendar a razão e o mundo e estes não são um problema, mas constituem um mistério. Portanto, "não se trataria de dissipá-lo por meio de alguma solução, pois ele está aquém das soluções". Ela, então, desdobrar-se-á indefinidamente e "será, como diz Husserl, uma meditação infinita" (Merleau-Ponty, 1971, p. 18).

A Fenomenologia, portanto, apresenta-se como um método filosófico peculiar, que não chega à elaboração de um sistema filosófico completado. Além disso, ela

"busca as essências na existência... para ela o mundo está sempre 'aí', antes da reflexão, como uma presença inalienável e cujo esforço está em encontrar esse contato ingênuo com o mundo para lhe dar um 'status' filosófico" (Merleau-Ponty, 1971, p. 5)...

"É a ambição de igualar a reflexão à vida irrefletida da consciência."
(Idem, p. 13.)

Embora Husserl tenha considerado a Fenomenologia e a Psicologia como ciências distintas, refere-se à possibilidade de relação entre ambas, dando, no início, prioridade à Fenomenologia, ao considerar que a Psicologia, como ciência teórica, encaminha-se, necessariamente, para a Fenomenologia. Mas, na medida em que amadurece seu pensamento, deixa transparecer a existência de uma relação de reciprocidade ou de entrelaçamento entre ambas, como quando, em sua última obra, publicada originariamente em 1938 (Krisis), afirma que a "subjetividade transcendental é intersubjetividade", fortalecendo a idéia de que os limites entre o transcendental e o empírico já não são mais completamente distintos, pois há uma intersecção entre ambos.

A inicial oposição entre o transcendental e o empírico, o ontológico e o ôntico, foi tomada por Husserl, apenas como "um ponto de partida encobrindo um problema e um secreto relacionamento entre as duas espécies de pesquisa" (Merleau-Ponty, 1973, p. 76).

As formulações fornecidas por Husserl e esclarecidas por Merleau-Ponty a respeito do inter-relacionamento entre a Fenomenologia e Psicologia, levam, também, a uma consideração mais ampla da Psicologia, de acordo com a qual ela é uma ciência cujo conhecimento é peculiar e paradoxal; não é indutivo, no sentido que esta palavra tem para os empiristas e nem é reflexivo no sentido que tem para a Filosofia tradicional. O conhecimento psicológico é reflexão e ao mesmo tempo vivência; é conhecimento que pretende descobrir a significação, no contato efetivo do psicólogo com sua própria vivência e com a de seus semelhantes.

ENFOQUE FENOMENOLÓGICO DA PERSONALIDADE

I - Esclarecimentos

1. A trajetória percorrida

Como já mencionei anteriormente, penso que, de certo modo, o início de minha abertura para a Fenomenologia surgiu de forma informal e espontânea há muito tempo atrás, quando eu era ainda criança e comecei a me preocupar, me envolver e refletir sobre minha vivência e das pessoas com quem convivia, na tentativa de descobrir meios para amenizar a angústia que sentia por não conseguir manter, permanentemente, o amor delas por mim. Esse tipo de envolvimento, preocupação e reflexão, tem-se mantido durante toda minha existência; porém, o alvo de minhas tentativas, com o decorrer do tempo, passou a se tornar cada vez mais amplo. Assim, no início, eu pretendia apenas amenizar minhas aflições procurando recursos para me sentir querida; depois, gradativamente, meu objetivo passou a ser o de tentar chegar a uma compreensão do meu existir e do de meus semelhantes, que pudesse nos propiciar viver e conviver de modo a nos tornarmos, o máximo possível, realizados... e felizes.

Naquela ocasião e até o início da juventude, eu não tinha encontrado, ainda, o respaldo de conhecimentos científicos que me possibilitassem enunciar, de forma organizada, as minhas reflexões. Eles só começaram a surgir a partir do meu ingresso na Universidade; desde então, prosseguem surgindo, cada vez mais numerosos e complexos, envolvendo-me na estimulante certeza de que jamais conseguirei esgotá-los.

Entretanto, nesse longo percurso, houve um momento no qual senti necessidade de fazer uma pausa para organizar e enunciar as experiências e reflexões até então acumuladas, num conjunto de formulações que denominei, restritamente, de enfoque fenomenológico da personalidade, mas que num sentido amplo diz respeito ao modo como, atualmente, compreendo o meu existir e o de meus semelhantes. A efetivação dessa tarefa foi bastante difícil, pois foi acontecendo num fluxo contínuo que, muitas vezes, deu-me a impressão de que jamais conseguiria concluí-la. Quando estava enunciando minhas idéias, freqüentemente parecia-me que elas iam adiante de meu raciocínio, dando-me um vigoroso ímpeto de "persegui-las" e "agarrá-las" num caminho que jamais teria fim. E a cada releitura de partes que eu já havia considerado como prontas, sentia, e ainda sinto, que poderia ampliá-las ou modificá-las.

Por todos esses motivos, eu não pretendo que as enunciações aqui reunidas e articuladas sejam tomadas como algo pronto ou finalizado e sim, apenas, como a "estação" à qual cheguei, depois de uma longa "viagem", na qual estou, ainda, prosseguindo. Meu intuito é de que as enunciações que aqui apresento não sejam consideradas como definitivas, mas como ponto de partida para novos envolvimentos e reflexões a respeito desse tema tão amplo e profundo que é a existência do ser humano, aqui abordada sob a perspectiva psicológica da sua personalidade.

2. Passos seguidos na elaboração do enfoque

Considero importante, ainda, fornecer esclarecimentos sobre o modo como procedi, a partir do momento em que tomei a decisão de elaborar um enfoque fenomenológico da personalidade, após numerosos anos de experiências, estudos e reflexões. Essa árdua tarefa ocorreu por meio dos seguintes passos:

1.º Passo — Retomei as obras de filósofos, psiquiatras e psicólogos fenomenólogos cujas enunciações haviam me impressionado e delas fiz cuidadosa revisão a fim de selecionar aquelas que julguei serem pertinentes para um levantamento de características básicas da personalidade humana.

2.º Passo — Procurei articular, entre si, os enunciados acima referidos e explicitá-los de acordo com o texto de seus autores e o modo como os fui compreendendo, revendo-os e, paralelamente, relacionando-os à minha vivência e à de outras pessoas, tentando verificar os aspectos invariáveis desta e as suas variações na concretude de nosso existir.

3.º Passo — Com subsídios obtidos na etapa anterior, fui chegando, por meio dos aspectos invariáveis, ao levantamento de características básicas da personalidade, as quais fui enunciando e retornando às etapas anteriores, sempre que percebi ser isto necessário, até chegar a uma enunciação final das referidas características. Logo após a enunciação de cada característica, procurei enunciar, também, as variações desta na concretude da vivência das pessoas.

No primeiro passo, houve a preponderância de estudos e reflexões; nos dois seguintes ocorreu um processo inter-relacionado de envolvimento, vivência e intuição ou de distanciamento, reflexão e enunciação de idéias, com predomínio ora de uma, ora de outra dessas duas maneiras de atuar.

ENFOQUE FENOMENOLÓGICO DA PERSONALIDADE **25**

Embora tenha apresentado, separadamente, cada um dos passos seguintes, para facilitar a sua descrição, julgo importante ressaltar que eles foram ocorrendo de forma inter-relacionada, com avanços e retrocessos, que tiveram por objetivo chegar ao melhor esclarecimento que me fosse possível alcançar, tanto das enunciações dos autores nos quais fundamentei o enfoque, como de minhas próprias.

Resumidamente, em outras palavras, através dos passos inter-relacionados acima referidos, cheguei à descrição de características básicas do existir humano. Para cada uma delas apresentei os seus fundamentos fenomenológicos sob prisma filosófico, procurando mostrar o aparecimento das mesmas na vivência cotidiana. Este foi o recurso do qual me utilizei para passar do plano filosófico para o psicológico; no filosófico dei destaque aos aspectos invariáveis da existência, no psicológico enfatizei algumas variações que tais aspectos podem apresentar ao se manifestarem na concretude do existir.

3. Paradoxos e aparentes enganos

Ao tratar das variações referidas no parágrafo anterior, deixo transparecer o quanto as características básicas do existir costumam manifestar-se de modo paradoxal na vivência cotidiana. Posso, assim, dar a impressão de que estou sendo contraditória em meu empreendimento. Afinal, estou recorrendo a um método inspirado na Fenomenologia e, portanto, estou pretendendo ter um rigor que me permita chegar a enunciações coerentemente articuladas e acabo chegando, também, a várias ambigüidades. Acontece que estas fazem parte da concretude do próprio existir humano; por isso, para me manter fiel a ele, procurei ater-me a um rigor e uma coerência que, de certo modo, são paradoxais.

Outro ponto que merece esclarecimento refere-se ao estilo que adoto ao escrever este trabalho, pois, embora o tenha redigido, predominantemente, na 1.ª pessoa do singular, em alguns momentos incluo o leitor no meu discurso, utilizando-me do "nós", para tentar chegar perto do leitor e levá-lo a participar da vivência de situações que são próprias não apenas de minha vida, mas da existência que ambos partilhamos como seres humanos semelhantes.

II - Fenomenólogos Cujas Idéias Fundamentaram o Enfoque

Além de Husserl, contribuíram para o entendimento que tive da Fenomenologia os filósofos Merleau-Ponty, Heidegger e Buber, de modo marcante, e Sartre de modo menos evidente.

Em Merleau-Ponty (1971, 1973), encontrei, de modo mais explícito do que em Husserl, as aproximações entre a Fenomenologia e a Psicologia, tais como as que ele procura efetivar analisando fenomenologicamente o psiquismo humano, em sua manifestação fundamental: a percepção (1971).

Na Fenomenologia do "ser-aí" (Dasein), apresentada por Heidegger (1971), encontrei a fundamentação para o estabelecimento das dimensões primordiais do existir: a preocupação e a angústia, o "compreender", o "temporalizar" e o "espacializar". As considerações que ele tece sobre a relatividade do conhecimento (1979) também exerceram influência marcante em minhas reflexões.

Além destes filósofos, fiquei muito impressionada com Buber, que, embora não faça referências a Husserl, seu contemporâneo, faz uma excelente Fenomenologia das relações humanas, em sua renomada obra *Eu e Tu* (1977), publicada pela primeira vez em 1922. Nele visualizei a possibilidade do encontro, ou da sintonia completa entre os seres humanos, de certo modo, não admitida ou, pelo menos, não claramente explicitada por Heidegger (1971a).

Sartre (1970, 1972) fortaleceu minha preocupação com a questão da liberdade do ser humano, levando-me a incluir o "escolher", entre as suas características básicas.

Entretanto, minha motivação para estudar Fenomenologia não surgiu a partir dos filósofos, mas de psiquiatras fenomenólogos. Entre estes, destacam-se Binswanger (1963) e Boss (1963), bem no início, Berg, van den (1973) e Minkowski (1970), posteriormente. Foram eles que me levaram à leitura da Fenomenologia em seu campo de origem — a Filosofia — na tentativa de compreender e aprofundar as suas idéias sobre o existir humano e o modo como empregam o método fenomenológico.

Reconheço que o pensamento dos fenomenólogos que tenho estudado e com os quais tenho me envolvido, fornecendo-me os fundamentos para a elaboração de um enfoque da personalidade, embora apresente algumas idéias conciliáveis ou coincidentes, contém, também, várias divergências das quais, propositadamente, não tratei. Meu intuito não foi o de fazer uma comparação entre esses autores e sim, apenas, o de reunir as suas idéias naquilo que têm de conciliável, de acordo com o modo como consegui compreendê-las, vivificá-las e interpretá-las.

III - Apresentação do Enfoque: Características Básicas do Existir

O termo personalidade é aqui tomado como o conjunto de características do existir humano, consideradas e descritas de acordo com o modo como são percebidas e compreendidas, pela pessoa, no decorrer da vivência cotidiana imediata e tendo como fundamento os seus aspectos fenomenológicos primordiais. Tais características constituem uma totalidade; a sua organização em itens separados tem, apenas, o intuito de descrevê-las de modo minucioso, para facilitar a sua compreensão.

ENFOQUE FENOMENOLÓGICO DA PERSONALIDADE **27**

1. Ser-no-mundo

O homem, através dos tempos, tem-se esforçado sobremaneira, com o intuito de elaborar a ciência, que pode ser definida como "um conjunto de proposições verdadeiras conectadas por relações fundamentais". Entretanto, a "investigação científica não é o seu único modo possível de ser e nem o mais imediato, pois, ao ser humano é essencialmente inerente ser-no-mundo" (Heidegger, 1971a, pp. 21 e 23).

> *"Quando de manhã cedo um físico sai de casa para ir pesquisar no laboratório o efeito de Compton e sente brilhar nos olhos os raios de sol, a luz não lhe fala em primeiro lugar, como fenômeno, de uma mecânica quântica ondulatória... A luz fala, sobretudo, de um mundo em que ele nasce e cresce, ama e odeia, vive e morre, a todo instante. Sem esse mundo originário, o físico não poderia empreender suas pesquisas, pois não lhe seria possível nem mesmo existir... Nem o sol está somente fora de nós, nem luz está exclusivamente dentro de nós, porque sempre e necessariamente realizamos nossa existência na estrutura ser-no-mundo"* (Leão, em Heidegger, 1988, p. 19).

Encontramo-nos, em cada momento da vida, em nossa experiência cotidiana, tendo com ela uma familiaridade imediata e pré-reflexiva que não provém daquilo que a ciência nos ensina. É a partir e dentro dessa vivência diária que desenvolvemos todas as nossas atividades, inclusive as científicas, e que determinamos nossos objetivos e ideais. A experiência cotidiana imediata é o cenário dentro do qual decorre a nossa vida; ser-no-mundo é a sua estrutura fundamental.

> *"Mas ser-no-mundo não quer dizer que o homem se acha no meio da natureza, ao lado de árvores, animais e outros homens... É uma estrutura de realização... O homem está sempre superando os limites entre o dentro e o fora."* (Idem, p. 20.)

Nos acontecimentos da vida diária podemos evidenciar o quanto estamos implicados no mundo, pela aflição que sentimos quando, por exemplo, simplesmente escorregamos e caímos; ficamos desapontados e confusos, pois, ao "perder" o chão no qual nos apoiamos, sentimo-nos, por instantes, como se perdêssemos o próprio mundo e, simultaneamente, a nós mesmos. Isto pode acontecer, também, quando seguimos por uma estrada pouco conhecida e, de repente, ficamos sem saber onde nos encontramos. Para sabermos quem somos precisamos, de certo modo, saber onde estamos, pois, a identidade de cada um de nós está implicada nos acontecimentos que vivenciamos no mundo.

Nosso elo de ligação pode não ser um lugar, mas uma pessoa a quem muito amamos; a sua perda, devida ao drama de sua morte, ou, simplesmente, à falta de sua compreensão e da correspondência ao afeto que lhe dedicamos, pode nos deixar perplexos e aflitos, sem sabermos, por instantes, se somos a pessoa que imaginávamos ser.

Precisamos do "mundo" para sabermos onde estamos... e quem somos. Nas aflições decorrentes de nossas momentâneas dúvidas a esse respeito, respiramos fundo para aliviá-las, procurando, intuitivamente, encontrar no ar que penetra em nossas narinas um alento para nos reanimar e nos esclarecer; podemos, também, acender um cigarro, colocá-lo entre os lábios e absorver a sua fumaça; ou tomar alguns goles de uma bebida qualquer. Estas ações tão simples e espontâneas são tentativas para recuperar o nosso inerente ser-no-mundo, pois, "a essência do homem está em se ser relativamente a algo ou alguém" (Heidegger, 1971a, p. 54).

> "O primordial ser-no-mundo do homem não é uma abstração, mas uma ocorrência concreta; acontece e se realiza, apenas, nas múltiplas formas peculiares do comportamento humano e nas diferentes maneiras dele relacionar-se às coisas e às pessoas. 'Ser' não é uma estrutura ontológica existindo em algum 'supermundo' que se manifesta uma vez ou outra na existência humana. Ser-no-mundo consiste na maneira única e exclusiva do homem existir, se comportar e se relacionar às coisas e às pessoas que encontra..." (Boss, 1963, p. 34).

Sempre que penso ou sinto, isto acontece em relação a algo ou a alguém, concretamente presente, ou apenas lembrado ou imaginado. Por outro lado, o mundo não é apenas um conjunto de objetos ou pessoas, existindo por si mesmos, pois cada um deles se torna um determinado objeto ou pessoa em virtude de ter um significado para quem o percebe. "As coisas não podem ser sem o homem e o homem não pode ser sem as coisas que encontra." (*Idem*, p. 41).

> "A idéia fundamental de meu pensamento é precisamente que a evidência do ser precisa do homem e que, vice-versa, o homem só é homem na medida em que está dentro da evidência do ser" (Heidegger, 1974, p. 25, em entrevista com Weiss.)

Ser e mundo, sujeito e objeto, não são dois absolutos essencialmente independentes, mas "comparáveis a dois pólos, necessariamente ligados em relação recíproca de cognoscibilidade." (Acker, van, em Berg, van den, 1973, p. 5.)

Ser-no-mundo é uma estrutura originária e sempre total, não podendo ser decomposta em elementos isolados. Entretanto, tal estrutura primordial pode ser visualizada e descrita em seus vários momentos constitutivos, mantendo a sua unidade. É desse modo que podemos considerar os vários aspectos do mundo e as diferentes maneiras do homem existir no mundo.

ENFOQUE FENOMENOLÓGICO DA PERSONALIDADE

1.1. Aspectos do "mundo": circundante, humano, próprio

"Mundo" é o conjunto de relações significativas dentro do qual a pessoa existe; embora seja vivenciado como um totalidade, apresenta-se ao homem sob três aspectos simultâneos, porém, diferentes: o circundante, o humano e o próprio. (Binswanger, 1967.)

O *"mundo" circundante* consiste no relacionamento da pessoa com o que costumamos denominar de ambiente. Abarca tudo aquilo que se encontra concretamente presente nas situações vividas pela pessoa, em seu contato com o mundo. Abrange as coisas, as plantas e os animais, as leis da natureza e seus ciclos, como o dia e a noite, as estações do ano, o calor e o frio, o bom tempo e as intempéries. Dele faz parte, também, o nosso corpo, suas necessidades e atividades, tais como o alimentar-se e o defecar, a vigília e o sono, a atuação e o repouso, o viver e o morrer.

O "mundo" circundante caracteriza-se pelo determinismo e por isso a adaptação é o modo mais apropriado do homem relacionar-se a ele. Assim, por exemplo, eu preciso adaptar-me ao clima frio ou quente, necessito ajustar-me às minhas necessidades de comer e de dormir, pois nada posso fazer para modificar o próprio clima e as minhas necessidades biológicas.

Portanto, do "mundo" circundante fazem parte as condições externas e o meu próprio corpo e é este que me proporciona os primeiros contatos com aquelas. São minhas sensações que me propiciam ver, ouvir, cheirar tocar e degustar as coisas que me cercam percebendo-as com alguma significação. Mas isto acontece numa vivência global onde não distingo, de imediato, cada um de meus sentidos, bem como estes e as coisas com as quais me relaciono; eu simplesmente percebo coisas que têm um sentido para mim.

> *"Na vivência imediata irreflexiva nada subsiste do fato de que necessito de olhos para ver... simplesmente aparecem-me coisas que estão aí..."* (Berg, van den, 1972, p. 126.)

e têm significação para mim, não apenas por aquilo que são em si mesmas, mas pela relação que estabeleço com elas.

O corpo tem um poder de síntese; ele unifica as sensações e percepções de si, bem como as que se referem ao mundo; o corpo é simultaneamente unificado e unificador na sua constante e simultânea relação consigo e com o mundo.

Na vivência pré-reflexiva imediata o ser humano desconhece seu corpo como tal; ou, em outras palavras, este encontra-se englobado na totalidade do existir. E não há manifestação do existir que não seja, de certo modo, corporal, pois não são apenas as sensações, nas quais temos uma percepção direta de objetos, que são vividas corporalmente. Mesmo quando imaginamos ou lembramos de algo, ou de alguém, estes aparecem com um colorido, uma forma, ou um perfume, um gosto, uma contextura. E até quando estamos engajados num pensamento racional e abstrato, o que visualizamos ainda mantém alguma relação com o que vimos e sentimos.

"Nosso próprio corpo está no mundo como o coração no organismo: ele mantém continuamente em vida o espetáculo visível, ele o anima e o nutre interiormente, forma com ele um sistema." (Merleau-Ponty, 1971, p. 210.)

Embora possam existir semelhanças entre meu corpo e os objetos naturais inanimados, há entre eles diferenças essenciais; entre estas encontram-se os seus limites. Nos objetos os limites encontram-se bem delineados e determinados, enquanto meu próprio corpo não se restringe aos limites de minha pele, mas se expande muito além desta. Isso acontece não apenas pelas relações que estabeleço concretamente com o ambiente que me cerca, mas, também, por aquelas das quais me recordo ou imagino que eu possa vir a estabelecer.

Nosso corpo não é uma estrutura existindo por si mesma; e estende-se muito além de nossas sensações do momento, pois não encontramo-nos, apenas, fisicamente localizados num determinado lugar, mas, expandimo-nos em nosso existir no mundo; um mundo que é constituído não apenas de sensações, mas de significações. Os limites da minha capacidade coincidem com os limites de minha abertura ao mundo; eles são idênticos em cada momento, mas, estão sempre mudando de acordo com minhas novas experiências e a amplitude ou restrição com as quais eu as vivencio.

O "mundo" circundante abrange os condicionamentos aos quais estamos sujeitos, sendo, de certo modo, por eles determinados, por vivermos concretamente num ambiente, e pela limitação decorrente de nossa corporeidade, e nossa animalidade. Porém, não nos encontramos completamente determinados, como acontece com os animais. Na vida destes o mundo circundante consiste num círculo funcional, ou numa interação circular que se estabelece entre as sensações e as ações. O ser humano, ao contrário, embora em sua vida sofra limitações de seu ambiente e de sua corporeidade, e necessite adaptar-se a eles, possui a capacidade de transcendê-los por meio da consciência que tem das situações que vivencia (Binswanger, 1967, p. 241.) O homem não está em seu mundo circundante como um objeto dentro de uma caixa ou um animal preso numa jaula, pois não está, simplesmente, num ambiente; ele mora ou "habita" no mundo, que para ele se abre com muitas possibilidades, não apenas por poder se locomover de um lado para outro, mas, também, em virtude da consciência que possui das situações que já vivenciou, está vivenciando e ainda poderá vivenciar.

Portanto, há um movimento dialético entre o ser humano e o mundo circundante; o homem precisa, essencialmente, adaptar-se ao mundo circundante, mas está sempre tentando e, de certo modo, chega a conseguir exercer alguma ação sobre a natureza e o seu próprio corpo. Assim, ele exerce algum controle sobre seus instintos, e domestica animais, cultiva plantas, nivela planaltos, represa águas, elabora objetos que lhe servem de utensílios; usa, e às vezes até abusa da natureza, com o intuito de viver melhor.

Porém, a ação e controle sobre o mundo circundante que o homem consegue obter acontece de uma forma temporária e relativa, pois, tanto a natureza como o seu próprio corpo

ENFOQUE FENOMENOLÓGICO DA PERSONALIDADE

31

mantêm um certo poder de se impor ao homem. Isto pode ser verificado na manutenção que eles manifestam de suas qualidades materiais e biológicas básicas, e, também, nos dramáticos acontecimentos da natureza como os terremotos, os tufões, e na própria morte, contra a qual o homem nada pode fazer.

O *"mundo" humano* é aquele que diz respeito ao encontro e convivência da pessoa com os seus semelhantes.

A relação do homem com outros seres humanos é fundamental em sua existência; desde o nascimento ele encontra-se em situações que incluem a presença de alguém.

O existir é originariamente ser-com o outro, embora o compartilhar humano nem sempre seja vivenciado de fato.

> *"Mesmo o estar só é ser-com, no mundo. Somente 'num' ser-com e 'para' um ser-com é que o outro pode faltar. O estar só é um modo deficiente de ser-com."*
> (Heidegger, 1988, p. 172.)

Os seres humanos fazem parte da existência do homem, mas não são como os animais, coisas e instrumentos que a ele se apresentam, pois

> *"São e estão no mundo em que vêm ao encontro, segundo o modo de ser-no-mundo... O mundo é sempre um mundo compartilhado com os outros."* (Idem, pp. 169 e 170.)

Temos a capacidade de nos compreendermos mútua e imediatamente, por sermos fundamentalmente semelhantes, embora na concretude de nosso existir cada um apresente algumas peculiaridades em seu perceber e compreender as situações.

Diferentemente do relacionamento com o "mundo" circundante, no qual o ser humano costuma utilizar-se dos objetos ou adaptar-se à materialidade do ambiente sem deles receber uma resposta, no encontro com seu semelhante ocorre uma relação de reciprocidade, na qual ambos influenciam-se mutuamente. Os seres humanos possuem potencialidades que lhe são próprias e os distinguem das coisas e dos animais, em virtude de compreenderem as situações que vivenciam, tendo consciência de si e do mundo. E como nossa existência consiste em ser-no-mundo, só atualizamos tais potencialidades, peculiarmente humanas — como o amor, a liberdade e a responsabilidade —, quando nos encontramos e entramos em relação com outras pessoas. É assim que atualizamos e, a partir daí, compreendemos e desenvolvemos tais potencialidades.

Só posso saber quem sou como ser humano, convivendo com meus semelhantes.

Podem acontecer, e acontecem entre os seres humanos, situações nas quais um deles procure dominar o outro, utilizando-se dele para atender às suas necessidades. Uma pessoa pode, também, deixar-se submeter à outra, ou às normas e regras de seu grupo social, simplesmente, para não assumir a responsabilidade de suas próprias decisões. Nestes casos, estaria ocorrendo, entre elas, relacionamentos semelhantes aos do "mundo" circundante, que não lhes propiciaria a atualização de suas potencialidades peculiarmente humanas.

A relação e a comunicação entre as pessoas é propiciada, inicialmente, através de seu próprio corpo; a princípio percebemo-nos e comunicamo-nos mutuamente por meio de contatos e expressões corporais, gestos e atitudes. Além dessas formas de comunicação temos a capacidade de nos comunicar, também, pela linguagem; esta é peculiar aos seres humanos. Mas, o fundamento da linguagem e de todas as formas de comunicação entre os seres humanos é, originariamente, o seu ser-com, ou, em outras palavras, a sua característica essencial de sempre existir em relação a algo e a alguém.

O *"mundo" próprio* consiste na relação que o indivíduo estabelece consigo, ou, em outras palavras, no seu ser-si-mesmo, na consciência de si e no autoconhecimento. Mas o si-mesmo não consiste num ensimesmamento, pois o homem é um ser-no-mundo, ou seja, sempre é uma pessoa com características próprias, em relação a algo ou a alguém. São as situações que a pessoa vai vivendo, relacionando-se com o mundo circundante e com as pessoas, que lhe vão possibilitando atualizar as suas potencialidades, oferecendo-lhe as condições necessárias para ir descobrindo e reconhecendo quem é.

Por outro lado, à medida que vou descobrindo quem sou, este autoconhecimento ou consciência-de-mim, também me vai propiciando uma perspectiva, ou um modo peculiar de visualizar as situações que vivencio no mundo.

As minhas ações propiciam tanto o meu autoconhecimento como o do mundo que me cerca; todavia, a pessoa que eu sou não se reduz ao conjunto das ações que já realizei, ou das coisas que já fiz, pois não sou algo estático, mas, estou constantemente existindo, num fluxo contínuo, em direção ao que pretendo ser. Meus atributos, minhas qualidades não se limitam aquilo que já fiz; embora meu passado forneça-me elementos importantes para me conhecer, não fixa o meu modo de ser, pois posso me modificar, compensando muitos dos meus erros, como posso aperfeiçoar as minhas virtudes; assim sendo, tanto posso manter antigos projetos, como posso modificar o decorrer de minha vida. A pessoa que eu sou abrange tanto quem eu já fui, como quem eu estou sendo e quem pretendo ser em minha existência no mundo.

No "mundo" próprio a pessoa percebe-se, ao mesmo tempo, como sujeito e objeto; ela dá-se conta de si mesma como um ser existente no mundo, colocando-se tanto na situação concreta do momento como, também, vislumbrando a variedade de suas possibilidades. Assim sendo, a consciência de si e o autoconhecimento implicam a autotranscendência; esta é a capacidade do ser humano transcender a situação imediata, ou, em outras palavras, a capacidade de ultrapassar o momento concretamente presente, o aqui e agora, o espaço e o tempo objetivos. Pela autotranscendência a pessoa traz o passado e o futuro para o instante atual de sua existência e se reconhece como sujeito responsável por suas decisões e seus atos. É essa capacidade que constitui a base da liberdade humana, pois, permite ao ser humano tanto voltar-se para o passado como, ao mesmo tempo, lançar-se no futuro para refletir e avaliar seus próprios recursos e as possibilidades que possui para enfrentar, não apenas a situação

ENFOQUE FENOMENOLÓGICO DA PERSONALIDADE

imediata, mas, para ir, imaginativamente, muito além dela. O homem dispõe em sua existência de uma ampla gama de possibilidades para escolher suas relações com o mundo; o ser-si-mesmo é esta possibilidade de se perceber, abrindo caminho entre essas inúmeras e variadas possibilidades.

O "mundo" próprio caracteriza-se pela significação que as experiências têm para a pessoa, e pelo conhecimento de si e do mundo; sua função peculiar é o pensamento. O pensamento considerado de um modo amplo que abrange todas as funções mentais como o entendimento, o raciocínio, a memória, a imaginação, a reflexão, a intuição e a linguagem.

Linguagem e pensamento encontram-se essencialmente ligados.

> *"Desde a simples palavra falada ou escrita com algum sentido, até o discurso propriamente dito, a questão da linguagem e do pensamento encontra-se fundamentada num fenômeno global, que, segundo Husserl, queremos denominar de 'expressão viva' ou significativa."* (Binswanger, 1973, p. 462.)

Na "expressão viva" podemos distinguir: os signos fônicos ou escritos, as experiências psíquicas e a significação. Ela contém: nos signos, a representação objetiva de coisas, objetos, animais e pessoas do mundo, estabelecida igualmente pelos indivíduos, no idioma do qual se utilizam; nas experiências psíquicas e na significação, está contido algo que é peculiar à pessoa que vivencia uma situação, de acordo com sua própria existência.

> *"A denominação lingüística e a doação de sentido é que constituem a maravilha da linguagem... Por trás de cada palavra, falada ou escrita, encontra-se como autora a pessoa vivente."* (Idem, pp. 464 e 492.)

É na linguagem que os entes tornam-se representados nos signos, adquirem significação e se tornam comunicáveis.

A linguagem ocorre sempre como diálogo; diálogo da pessoa com outras ou consigo mesma, como acontece na reflexão. Linguagem e pensamento encontram-se implicados no diálogo; nele expressam e obtêm resposta, num fenômeno unitário.

> *"Platão já dizia que pensar é conversar com um tema, penetrando-o; é o diálogo da alma consigo mesma... Pensar é uma fala que a alma realiza sobre o que quer investigar... O pensamento se dispõe, por sua própria essência, a poder dialogar com os outros... O monólogo já é uma forma de diálogo."* (Idem, p. 503.)

Falar só é um falar no pleno sentido da palavra, quando eu mesma entendo aquilo de que estou falando e sobre o que quero ser ouvida, compreendida e confirmada, ou contestada verbalmente, por outra pessoa, ou mental e silenciosamente por mim mesma.

"O fenômeno pleno de pensar é a mesma coisa que falar." (*Idem*, p. 504).

Ao refletir sobre algo, dialogo comigo mesma acerca de conceitos, idéias e significações, procurando relacioná-los e compreendê-los. Entretanto,

> *"pensar significa algo completamente diferente de representar-se algo; não consiste apenas em resumir características em um conceito e relacioná-las, mas quer dizer: decidir-se a emitir juízos, dirigir o raciocínio de um modo metódico e resolvê-los em diálogo."* (*Idem*, p. 508.)

Nisto consiste o pensamento discursivo, mas o ser humano dispõe, também, do pensamento intuitivo, que consiste numa forma de voltar atrás, ou de voltar a transformar o raciocínio em sentimentos e vivência, captando-os numa totalidade. A pessoa, entretanto, costuma, inicialmente, intuir a vivência para depois refletir sobre ela.

> *"Mas, só posso intuir o que me 'salta à vista' e me envolve, aquece-me sentimentalmente... Esta área de estar profundamente impressionado e interessado, toda esta zona da existência sem palavras é imensamente mais rica e viva do que o domínio das palavras e do entendimento."* (*Idem*, p. 511.)

Posso comunicar-me comigo e com meus semelhantes tanto pelo pensamento e linguagem discursivos, como de forma intuitiva, por meio do olhar, de gestos, de atitudes e sentimentos experienciados e manifestados de forma global, na própria vivência imediata pré-reflexiva.

Há uma relação essencial entre linguagem e pensamento; ambos expressam a vivência, ou a vida, conforme é vivida. Entretanto,

> *"A vida é e continuará sendo um mistério... podemos apenas vivê-la em sua total plenitude, mas não conseguimos captá-la completamente de forma racional."* (*Idem*, p. 491.)

Por isso, para compreender a "expressão viva" de uma pessoa é necessário tentar captar, intuitivamente, a sua vida, conforme é por ela própria vivida; ou, em outras palavras, é preciso procurar penetrar no existir da pessoa, para descobrir, além das palavras e dos gestos, o sentido que se encontra contido na sua comunicação.

A existência humana deve ser compreendida levando em conta os três aspectos simultâneos do "mundo": o circundante, que requer adaptação e ajustamento; o humano, que se concretiza na relação ou nas influências recíprocas entre as pessoas; o próprio, que se caracteriza pelo pensamento e transcendência da situação imediata.

ENFOQUE FENOMENOLÓGICO DA PERSONALIDADE

1.2. Maneiras de existir: preocupada, sintonizada, racional

A vivência cotidiana imediata é o modo primordial de existirmos; nela temos, global e intuitivamente, um sentimento e uma compreensão pré-reflexivos de nosso existir no mundo.

> *"Em cada disposição afetiva, quando nos sentimos de uma maneira ou de outra, nosso existir se nos faz patente. De modo que compreendemos o ser, por mais que nos falte o seu conceito."* (Heidegger, 1986, p. 191.)

Não se trata de um conhecimento racional acompanhado de emoção, nem apenas de um estado interior ou de uma reação a algo, mas de um experienciar imediato e global que abrange, numa totalidade, a mim e às situações, ou às minhas lembranças, ações e expectativas, antes que estas venham a ser elaboradas racionalmente.

> *"O ser humano é um ente ontologicamente privilegiado porque em seu existir está em jogo o seu próprio ser;... Ele compreende a si mesmo a partir de sua existência."* (Heidegger, 1971a, pp. 21 e 22.)

Na vida cotidiana imediata não compreendo os objetos como se existissem em si mesmos, independentemente de mim, assim como não me compreendo como um sujeito independente do mundo.

> *"A existência humana está, desde o começo, 'aí fora' junto dos entes do mundo, de tal modo que nenhum mundo interior, subjetivo, pode ser demonstrado... Ela existe sempre com eles, em relações definidas pelos significados percebidos nesses entes."* (Boss, 1979, pp. 183, 184.)

Como nos esclarece Berg, van den (1973), vemos as coisas dentro de seu contexto e em conexão com nossa própria pessoa.

> *"Poderíamos dizer que vemos o significado que as coisas têm para nós. Se não vemos o significado, não vemos coisa alguma."* (p. 39.)

Assim, por exemplo, uma frondosa paineira é percebida de modo peculiar, ao ser contemplada por um ambicioso madeireiro, ou por uma jovem romântica; esta a visualiza como um acolhedor abrigo para o amor, enquanto aquele a vê como um valioso objeto para ser cortado e vendido por um ótimo preço. Cada um deles encontra na paineira qualidades diversas, ou, em outras palavras, significados diferentes, relacionados ao seu modo peculiar de ser; cada um deles tem a sua própria compreensão da paineira.

Compreensão e sentimento encontram-se englobados em nossa vivência cotidiana imediata. Se nos detivermos para analisar o sentimento contido na compreensão, verificaremos que ele se apresenta sempre sob alguma forma de agrado ou desagrado, variando desde níveis muito tênues, que temos dificuldades em identificar, até níveis tão intensos que nos arrebatam completamente.

Uma experiência freqüente com a qual nos defrontamos para analisar o nosso sentimento é aquela que captamos quando pretendemos responder, de fato, à pergunta que ouvimos todos os dias: "Como vai você?". A resposta pode ser "vou mais ou menos", "vou mal", ou "vou bem".

Continuamente, compreendo o meu existir com um sentimento pré-reflexivo que posso identificar como sendo de mal-estar, intranqüilidade e preocupação, ou de bem-estar, tranqüilidade e sintonia, em relação a mim e ao mundo que me cerca.

A preocupação e a sintonia são maneiras básicas de existir que se alternam continuamente, no decorrer da existência.

a) A maneira preocupada de existir

Esta consiste em sentimento global de preocupação, que varia desde uma vaga sensação de intranqüilidade, por termos que cuidar de algo, até uma profunda sensação de angústia, que chega a nos dominar por completo. Ela ocorre tanto em situações concretamente presentes em nossa vida, como naquelas em que apenas nos lembramos de coisas já acontecidas, ou que temos receio de que venham a acontecer, podendo surgir, também, sem que percebamos as razões de seu aparecimento.

A maneira preocupada de existir encontra-se presente em nossa vida cotidiana, mais freqüentemente de forma branda e imprecisa, intensificando-se em algumas ocasiões, como, por exemplo, quando sofremos grandes contrariedades, enfrentamos momentos de perigo, ou precisamos assumir decisões importantes.

Todas as manifestações do modo preocupado de existir fundamentam-se, primordialmente, no próprio ser-no-mundo do homem.

> *"Por ser essencialmente inerente ao existente 'ser-no-mundo', é seu 'ser relativamente ao mundo', em essência, 'cuidar de'... cuidar de que não fracasse um empreendimento... cuidar que é semelhante a um temor."* (Heidegger, 1971a, pp. 69 e 70).

O desejar, o recear, o amedrontar-se, o afligir-se fundamentam-se, no "cuidado, ou preocupação por algo", que é inerente ao nosso existir no mundo. A raiva e a agressividade, ou a depressão que costumamos vivenciar quando nos sentimos frustrados e contrariados, também são manifestações de nossa maneira preocupada de existir.

ENFOQUE FENOMENOLÓGICO DA PERSONALIDADE

A angústia é o modo mais originário e profundo de nosso existir preocupado. Quando estamos angustiados, ficamos muito aflitos, sentindo-nos impotentes para nos livrar da aflição, pois a angústia não tem um objeto definido em relação ao qual possamos nos envolver e agir, para superar. A angústia é a negação de todo objeto, ou, em outras palavras, seu único objeto é a própria ameaça cuja fonte é o "nada".

> *"A única ameaça que pode tornar-se temível, e que se descobre no medo, provém de algo intramundano. Mas aquilo com que a angústia se angustia é o ser-no-mundo como tal... não é algum ente intramundano. Por isso, com ele não se pode estabelecer nenhuma conjuntura essencial... pois é o 'nada' que não se revela em parte alguma... A própria ameaça é indeterminada, não chegando, portanto, a penetrar, como ameaça, nesse ou naquele poder ser concreto e de fato."* (Heidegger, 1988, pp. 250 e 251.)

Por esse motivo procuramos, freqüentemente, transformar a angústia em medo, cujos objetos identificamos e tentamos vencer.

Porém, tais objetos não são os responsáveis pela angústia, mas a própria situação humana como tal, que nos revela, intuitivamente, a certeza de nossa própria morte; esta é o fundamento de todas as ameaças que tentamos objetivar no decorrer de nossa existência. Por isso, mesmo que consigamos, corajosamente, vencer os objetos de nossos medos, vivenciando alguns momentos de tranqüilidade, estaremos continuamente sujeitos ao reaparecimento da angústia. Jamais conseguiremos vencê-la, definitivamente, pois ela é inerente à nossa própria existência, na qual está contida a certeza de que um dia morreremos.

b) A maneira sintonizada de existir

Embora a preocupação e a angústia sejam básicas em nossa existência, paradoxalmente, conseguimos vivenciar momentos de sintonia e tranqüilidade, quando nos encontramos agradavelmente envolvidos em algo ou com alguém.

A manifestação mais profunda da maneira sintonizada de existir consiste numa vivência de completa harmonia de nosso existir no mundo; Buber (1977) a denomina de relação Eu-Tu. Esta pode surgir em nosso contato com a natureza, no encontro com nossos semelhantes, assim como no nosso envolvimento agradável, ao ouvir uma melodia, ler um livro ou apreciar uma obra de arte.

A relação Eu-Tu acontece, por exemplo, quando contemplamos uma linda paisagem que nos comove, envolvendo-nos de forma tão profunda que, de certo modo, não distinguimos se nela mergulhamos, ou se ela adentrou, suavemente, em nosso mais profundo ser. Isto pode ocorrer também quando ouvimos uma bonita música, apreciando-a tanto que as notas musicais e os sons dos instrumentos da orquestra parecem fundir-se num todo harmonioso que penetra em nós, embalando-nos agradavelmente. Pode acontecer, quando nos encontramos com alguém que compreendemos, e de quem gostamos e sentimos que nos corresponde: nossos olhares, nossas vozes, nossos gestos fundem-se numa totalidade e sentimo-nos como se fôssemos uma única pessoa. Quando lemos um texto ou contemplamos uma obra de arte, também podemos ficar profundamente envolvidos, a ponto de neles penetrar, vibrando com eles como se constituíssemos uma unidade. Outras vezes sentimo-nos muito contentes e tranqüilos, se estivermos conseguindo completar satisfatoriamente um empreendimento difícil, no qual estávamos empenhados, por ser ele de grande importância em nossa vida; mas também podemos vivenciar profunda tranqüilidade quando damos conta de pequenas coisas nas quais estamos muito envolvidos.

Tal vivência de completa sintonia dura apenas alguns instantes, os quais, de certo modo, não têm duração objetiva, pois neles se fundem, paradoxalmente, o espaço e o tempo, o finito e o infinito, o momento concreto e a eternidade, e todas as particularidades do ser humano e do mundo (Buber, 1974).

Binswanger (1967), baseando-se na relação "Eu-Tu", denomina de "dual" este modo plenamente sintonizado de existir, considerando que nele conseguimos, por instantes, transcender o nosso factual ser-no-mundo.

> *"Ao ser-no-mundo como ser da existência por amor a 'mim mesmo', que Heidegger denominou de 'cuidado', acrescentei o 'ser-além-do-mundo', como ser da existência por amor a 'nós', que eu designei, simplesmente, com o nome de 'amor' "...*

> *"O amor, ou o modo dual de existir, é o único que pode oferecer pátria e eternidade à existência... (p. 239) Ao falar de eternidade não falo de 'ser-no-mundo', mas de 'ser-no-mundo-além-do-mundo', isto é, do modo dual de ser humano, desse 'nós' que constitui o eu e o tu fundidos no amor."* (pp. 374 e 375.)

Para Binswanger, amar é um modo peculiar de existir, no qual o ser humano vivencia a plenitude de suas possibilidades, encontrando-se profundamente enraizado no solo de sua existência, em paz consigo e com o mundo, destituído de desejos e intenções.

> *"No amor e apenas neste, a pessoa é capaz de experienciar, como uma totalidade, a finitude e o infinito, o fato e a essência... Nele se realiza o verdadeiro 'nós', no qual cada parceiro é criador e simultaneamente ativo e passivo, masculino e feminino... Esta inconcebível e inexplicável qualidade do amor é um mistério que se realiza no duplo milagre de amar e ser amado."* (Binswanger, citado por Boss, 1949, pp. 461, 462.)

Mas, além de acontecer algumas vezes, e apenas por alguns instantes, de forma tão ampla e profunda, a maneira sintonizada de existir ocorre, mais freqüentemente, de modo

ENFOQUE FENOMENOLÓGICO DA PERSONALIDADE

menos intenso, consistindo apenas num tênue e agradável sentimento de bem-estar e tranqüilidade.

c) A maneira racional de existir

Tanto a maneira sintonizada como a preocupada — das quais temos compreensão e sentimento pré-reflexivos, em nossa vivência cotidiana imediata — costumam ser submetidas à reflexão e análise para que delas possamos ter um conhecimento racional.

Como seres racionais, temos necessidade de analisar a nossa vivência cotidiana imediata para conceituá-la e estabelecer relação entre nossas experiências, elaborando desse modo um conjunto de conceitos, relacionados por princípios coerentes, que nos permitam explicá-las. Isto nos fornece elementos, de certo modo objetivos, para conhecermos o nosso existir no mundo, e elaborar uma "teoria" sobre o mesmo, que nos possa oferecer alguma segurança, tanto para explicar as situações que já vivemos ou estamos vivendo, como para planejar as nossas futuras ações.

Embora cada um de nós tenha um modo peculiar de compreender as situações, somos todos seres humanos vivendo num mesmo mundo, havendo aspectos comuns em nossa existência, que nos permitem convivermos e partilharmos das mesmas experiências. Em outras palavras, existe uma realidade concreta, palpável, da qual todos fazemos parte, embora possamos dar-lhe um colorido pessoal, com nossa maneira peculiar de ser. Agimos de acordo com o nosso modo de compreender as situações, mas nossas ações só serão eficientes se forem adequadas à realidade dos acontecimentos; por isso, temos necessidade de averiguar se os estamos percebendo e compreendendo adequadamente. Um exemplo bem simples é a análise que faço, num restaurante, dos recipientes que contêm o sal e a pimenta, se quero salgar ou apimentar a minha comida. Outro exemplo, menos simples, é o da situação que vivencio aflitivamente e das precauções que tomo quando, ao chegar em casa à noite, procuro averiguar se o vulto que estou vendo na varanda é, realmente, de um ladrão que ali se encontra agachado no canto, ou se se trata apenas de uma cadeira que ali ficou esquecida durante o dia. Em cada um desses casos, especialmente no segundo, é possível verificar a importância de que meu comportamento seja baseado numa percepção adequada da situação.

Em momentos nos quais vivencio completa sintonia — quando, por exemplo, contemplo uma paisagem, ou me relaciono ternamente com alguém — passados os primeiros instantes de encantamento, passo a refletir a respeito desses momentos agradáveis, e procuro analisá-los para verificar no que consistem, como cheguei a eles e como poderei agir para mantê-los ou para vivê-los novamente em outras ocasiões.

Pode acontecer, também, que uma amiga me propicie a oportunidade de refletir sobre o modo como estou vivendo e me sentindo quando, por exemplo, percebendo que não estou bem, e querendo me ajudar, pergunta: "Como vão indo as coisas para você?" Quantas vezes estamos insatisfeitos e, na correria de nossos afazeres, nem encontramos tempo para ter consciência dessa insatisfação e para fazer algo no sentido de tentar melhorar "as coisas", antes que elas piorem! Por outro lado, não é raro ocorrerem outras situações em que tudo está correndo bem, mas eu estou tão absorvida pela rotina que só venho a reparar nisso quando algo desagradável acontece, levando-me a perceber que "eu era feliz e não sabia", como dizem alguns poetas.

Com esses exemplos não quero dizer que a nossa racionalidade se encontre adormecida nessas ocasiões, e sim mostrar que quando as experiências agradáveis ou desagradáveis são pouco intensas costumamos concentrar a nossa atenção apenas nos afazeres cotidianos. Por outro lado, estes podem chegar a nos absorver de modo tão intenso que nos dificultem perceber, claramente, como estamos vivendo e nos sentindo no decorrer de nossa existência.

Tal não é o caso de uma vivência de angústia, na qual sinto-me muito mal, sem conseguir saber por quê. Minha aflição é tão grande que sou forçada a refletir sobre a mesma, tentando encontrar os motivos que me levaram a esse grande sofrimento e os meios dos quais disponho para tentar superá-lo, ou, pelo menos, aliviá-lo. Em outras palavras, procuro transformar a angústia em medo, pois este tem um objeto definido; estar com medo é estar assustado com algo, temendo que aconteça alguma coisa palpável, concretamente analisável. A visualização de um objeto definido torna possível nosso envolvimento e participação na sua percepção, que são os meios de que dispomos para agir no sentido de aliviar o sofrimento. Assim, por exemplo, se me sinto angustiada quando estou prestes a me encontrar com uma pessoa que conheci recentemente e pela qual estou muito interessada, posso chegar à conclusão de que minha aflição é decorrente do meu desejo de ser correspondida, aliado ao medo de não alcançar este intento. Então, procuro verificar quais os meus melhores recursos para agradá-la e como poderei utilizá-los. Se minha aflição for anterior à prestação de um exame vestibular, ou de um concurso para conseguir um emprego, tento me preparar procurando adquirir os conhecimentos e a prática requeridos para cada uma dessas situações. Evidentemente, em cada um desses exemplos, por mais que eu me prepare, não chego a alcançar a segurança almejada, por isso, além do preparo, preciso dispor de coragem para enfrentar os riscos, que sempre estão presentes em tudo o que planejamos.

> *"Tentamos transformar a angústia em medo e ir, corajosamente, de encontro aos objetos nos quais a ameaça se corporifica."* (Tillich, 1972, p. 35.)

Angústia, medo e coragem encontram-se intimamente relacionados. É vivenciando minhas angústias e analisando-as, racionalmente, a fim de transformá-las em medos concretos e verificar os recursos dos quais disponho para poder enfrentá-los, que vou tendo coragem para planejar e pôr em prática as minhas ações.

Entretanto, paradoxalmente, por mais que me empenhe em encontrar a segurança e a tranqüilidade, estas chegam a ser alcançadas apenas por alguns instantes pré-reflexivos, nos quais vivencio situações de plena e profunda sintonia em meu próprio existir, e não tenho o

ENFOQUE FENOMENOLÓGICO DA PERSONALIDADE

41

mais leve conhecimento de suas razões. É tal maneira de existir que também tem possibilitado, aos seres humanos, os mais heróicos atos de coragem, nos quais ficam tão profundamente envolvidos que não chegam, sequer, a refletir sobre as razões e os objetivos de suas ações.

Voltando às considerações sobre a maneira racional de existir, verificamos que no decorrer de nossa vida, costumamos refletir a respeito de nossa vivência cotidiana, analisando-a, levantando hipóteses e chegando a algumas conclusões a respeito dela e de nosso existir no mundo. Todas essas elaborações racionais nos vão fornecendo elementos constitutivos de nossa "teoria" sobre a nossa própria vida, que nos permite explicá-la em seu decorrer até o momento presente, bem como planejá-la na direção daquilo que pretendemos para o futuro.

A maneira racional de existir é, também, aquela que propicia a emergência e o desenvolvimento das ciências.

A racionalidade é de enorme importância em nossa existência, pois, além de nos proporcionar uma base, de certo modo, objetiva, para explicar e planejar as nossas ações, é a responsável pelo avanço alcançado até os dias atuais, nas várias áreas do saber, avanço que pode constituir meio para vivermos de modo mais satisfatório e pleno.

Mas, as possibilidades de nossa existência não se reduzem à adequação entre a inteligência e o real e, conseqüentemente, às fronteiras do racional, pois este encontra-se fundamentado em algo anterior a ele, que é originário em nossa vida: a vivência cotidiana imediata. É ela que constitui o ponto de partida e o fundo sobre o qual as reflexões se realizam e, também, a possibilidade para que as elaborações racionais — que sempre são incompletas — sejam continuamente revistas e ampliadas.

As três maneiras de existir acima descritas costumam ocorrer em nossa vivência, continuamente articuladas e relacionadas, havendo apenas a predominância maior ou menor, ora de uma, ora de outra. Assim sendo, as maneiras preocupada e sintonizada — nas quais dei destaque, respectivamente, aos sentimentos desagradáveis ou agradáveis — podem surgir, muito próximas e entrelaçadas, em vivência imediata, que contém esses dois tipos de sentimentos, alternando-se tão rapidamente que encontramos dificuldade para distingui-los. Além disso, a maneira racional — na qual enfatizei a elaboração intelectual das experiências cotidianas imediatas — embora esteja voltada para uma análise, de certo modo, objetiva das situações, não deixa de conter sempre algum nível de preocupação, de sintonia, ou de ambas.

2. Temporalizar

Temporalizar consiste em experienciar o tempo, sendo esta a vivência que mais próxima se encontra de nosso próprio existir,

> *"tão próxima que constitui a base da existência; poderíamos dizer que é sinônimo desta, no sentido mais amplo da palavra."* (Minkowski, 1982, p. 22.)

O fundamento básico da existência humana é a temporalidade; esta constitui o sentido originário do existir (Heidegger, 1971a, pp. 256 e 257).

A palavra existir deriva do latim "existere", sendo formada pela preposição "ex", cujo significado é "fora de" e "sistere", que quer dizer "colocar, pôr". Esses termos correspondem aos gregos "ek" e "stasis", dando origem à palavra "extasis", que expressa o fato de "sair de si mesmo" ou "transcender". (Seguin, 1960, p. 21.)

Portanto, existir e transcender possuem o mesmo significado que é o de lançar-se para fora, ultrapassar a situação imediata, que também quer dizer temporalizar.

A existência humana consiste em estar continuamente saindo de si mesma, transcendendo a situação imediata, em direção a algo que ainda poderá ser para completar-se, ou totalizar-se. Mas, "o seu ser total é ser em relação à morte" (Heidegger, 1971a, p. 256). Por isso, o ser humano, como existente, nunca poderá completar-se, ou totalizar-se durante a sua existência, embora a morte seja a sua maior e mais profunda certeza. A morte faz parte de nossa vida, apenas no modo como nos relacionamos com as idéias de ser ela o nosso derradeiro fim, e é apenas incluindo-a em nossas reflexões que teremos condições de encontrar o verdadeiro sentido de nossa existência.

Em nosso existir cotidiano pré-reflexivo, podemos vivenciar o tempo como um oceano grandioso e potente, sem começo nem fim e cheio de mistérios. Há momentos em que nos sentimos sintonizados e tranqüilos, como se estivéssemos flutuando sobre suas ondas suaves e acolhedoras, vivenciando o quanto é bom viver. Porém, às vezes, elas se tornam encapeladas e gigantescas e, então, ficamos inseguros e angustiados, experienciando a eminência dos enormes perigos que rondam a nossa vida, ameaçando-a de extinguir-se completamente a qualquer instante. O tempo também pode, às vezes, parecer monótono e desprovido de sentido, como se a existência fosse uma repetição contínua de momentos iguais, envolvendo-nos num insuportável tédio.

Mas o ser humano, desde as épocas mais remotas, começou a analisar racionalmente o decorrer do tempo, procurando objetivar a sua marcha, verificando as suas repetições constantes e considerando-as de forma semelhante ao espaço. O sol surgindo e desaparecendo com intervalos regulares de claridade e escuridão permitiram-lhe estabelecer o dia e a noite, cada um como momentos propícios, respectivamente, à atividade e ao repouso; passou a dividir esses intervalos em espaços menores, com durações e distâncias determinadas, que denominou de horas, minutos e segundos; além disso, organizou os dias seqüencialmente, em semanas, meses e anos, daí surgindo os relógios e os calendários, destinados a registrar e acompanhar o decorrer do tempo; denominou de presente ao momento que está acontecendo, de passado aos momentos que já ocorreram e vão-se acumulando na existência e, de futuro, àquilo que está para acontecer, estabelecendo as três dimensões do tempo.

Entretanto, em nosso existir cotidiano imediato, vivenciamos o tempo como uma totalidade, que consiste num presente perene, abarcador, tanto do já acontecido como do que esperamos que venha a acontecer. Costumamos experienciar o nosso existir como um fluxo

ENFOQUE FENOMENOLÓGICO DA PERSONALIDADE

contínuo, decorrendo numa "velocidade" e intensidade que se alteram de acordo com a nossa maneira de vivenciar as situações, que é sempre acompanhada de algum sentimento de agrado ou desagrado. Os instantes vivenciados com sintonia e contentamento decorrem rapidamente, enquanto os momentos de preocupação, contrariedade, ou tédio decorrem devagar. Tais alterações acontecem apenas em nosso temporalizar, não interferindo no tempo marcado pelo relógio, pois neste os instantes mantêm, sempre, a mesma duração. Por isso, podemos vivenciar horas como se fossem minutos e, inversamente, minutos como se fossem horas. Assim, por exemplo, se estou apaixonada por alguém e manifesto-lhe o meu amor, sentindo que sou correspondida, sinto o tempo "voar"; entretanto, quando me sinto incompreendida, desprezada ou decepcionada, sinto o tempo decorrer muito lentamente, podendo até me parecer que ele parou de repente.

Além de vivenciarmos uma certa "velocidade" em nosso existir, vivenciamos, simultaneamente, uma "extensibilidade", ou seja, nosso temporalizar estende-se, tanto em relação ao nosso passado como em direção ao futuro, com amplitude ou restrição. Assim sendo, posso vivenciar o meu existir tendo como fundo um passado com poucas ou muitas experiências significativas e um futuro com poucas ou muitas possibilidades de prosseguir a minha existência. A vivência de sintonia e contentamento expande o meu temporalizar enquanto a de preocupação e contrariedade o restringe.

As elaborações racionais, entretanto, possibilitaram ao homem estabelecer as dimensões do tempo e se deter em cada uma delas; refletir sobre a sua existência e planejá-la, procurando evitar o perigo de sentir-se perdido na fluidez de seu temporalizar originário. Tais elaborações também levaram o ser humano a descobertas e invenções que lhe permitiram ampliar o seu conforto e lhe trazer alguma segurança, dando-lhe a impressão de estar conseguindo controlar o tempo. Assim, por exemplo, o homem passou a prolongar a duração dos alimentos, conservando-os em baixas temperaturas, e prolongar a vida de muitas pessoas combatendo eficientemente suas doenças. A imprensa chegou a divulgar alguns casos de indivíduos gravemente enfermos que foram congelados, com o objetivo de "aguardarem" a descoberta de tratamento que no futuro pudesse vir a possibilitar a sua cura.

Porém, por mais que o ser humano procure controlar racionalmente o tempo, este continua a decorrer inexoravelmente, independente da vontade humana, mesmo que todos os relógios do mundo venham a parar e todos os calendários deixem de existir. E por maiores que sejam as suas conquistas para melhorar as suas condições de vida, o ser humano jamais conseguirá vencer a sua condição básica de ser finito, de ter de se defrontar, algum dia, com a sua morte.

As elaborações racionais são significativamente importantes em nossa vida, pois nos fornecem parâmetros que nos permitem, até certo ponto, explicá-la e planejá-la, sendo indispensáveis para nos proporcionar alguma segurança; mas é necessário reconhecermos que nossa existência é constituída de uma abrangência que ultrapassa, consideravelmente, tais elaborações. Racionalizar é debruçar-se sobre o passado, refletir sobre o que já aconteceu e fazer previsões, sobre o que poderá vir a acontecer. Existir implica, para o ser humano, em prosseguir em direção ao futuro, cuja abertura de possibilidades não se limita a uma projeção do passado; tal prosseguimento requer, também, correr o risco de se soltar na fluidez e imprevisibilidade do futuro; e este soltar-se só pode ser encontrado na vivência imediata, pré-reflexiva.

Precisamos, constantemente, alternar a nossa racionalidade com essa vivência, para que possamos

> *"recobrar o contato com a vida e com o que ela tem de mais espontâneo e originário; voltar à fonte primeira da qual brota não apenas a ciência, mas todas as manifestações da vida."* (Minkowski, 1982, p. 9.)

3. Espacializar

Espacializar consiste no modo como vivenciamos o espaço em nossa existência.

Procuramos, racionalmente, objetivar a nossa espacialidade, localizando e denominando os lugares e as coisas que nele se encontram, considerando que ocupam espaço correspondente à sua dimensão e volume, com alguma distância entre si. Esta concepção é, também, aplicada a nós e a nossos semelhantes, como pessoas situadas num determinado local, num dado momento: residimos num certo endereço e situamos os lugares de trabalho, de lazer e outros, em nosso bairro, cidade, estado e país, ou em outros países, e elaboramos um "mapeamento" que nos possibilite localizá-los e nos forneça uma idéia da extensão do mundo onde vivemos. Todas estas objetivações fornecem-nos importantes recursos para nos movimentarmos nos vários locais, e buscarmos as coisas que lá estão, bem como para nos encontrarmos com os nossos semelhantes.

Entretanto, o espacializar, em seu sentido mais profundo e originário, não se limita a tais objetivações, pois possui outras qualidades, que se manifestam em nossa vivência cotidiana pré-reflexiva.

Assim, diferentemente de um objeto no armário, de uma planta no jardim ou de um cachorro no quintal, o ser humano, além de se encontrar concretamente num determinado lugar, tem compreensão de seu próprio existir no mundo, relativa tanto ao local e instante atuais como a outros vividos anteriormente, e também àqueles que deseja ou receia vir a experienciar. O nosso espacializar não se limita ao "estar aqui", pois inclui o "ter estado lá" e o poder vir a "estar acolá", reunidos numa compreensão global. Isto significa que o nosso espacializar é passível de tal "expansividade" que ultrapassa os limites de nosso próprio corpo e do ambiente concreto que nos circunda; essa expansividade pode ser mais ampla ou mais restritiva, de acordo com a compreensão e o modo como nos sentimos em nosso existir no mundo. Assim, podemos estar andando numa enorme praça e nos sentirmos como se estivéssemos aprisionados numa cela; ou, mesmo estando fechados num cubículo, podemos

ENFOQUE FENOMENOLÓGICO DA PERSONALIDADE

vivenciar o nosso existir com amplitude. Tais fatos podem ser percebidos, com maior clareza, em situações nas quais vivenciamos intensas alegrias ou profundos sofrimentos. O psiquiatra e fenomenólogo Victor Frankl (s/d) apresenta exemplos de vivências intensas deste último tipo — dele e de seus companheiros — ocorridas em campos de concentração, onde salvaram-se da loucura apenas os prisioneiros que conseguiram manter a amplitude de seu espacializar, apesar do terrível e prolongado confinamento ao qual haviam sido inexoravelmente submetidos.

> *"Para elevá-los psiquicamente, era necessário apontar-lhes uma meta no sentido do futuro; fazer tudo para lhes recordar que a vida ou alguém esperava por eles."* (p. 109.)

A vivência do espaço e a do tempo relacionam-se intimamente e são experienciadas com amplitude ou restrição, de acordo com a visualização de possibilidades e esperança da pessoa de poder realizá-las, ou a restrição de perspectivas e desânimo por não vislumbrar meios de concretizá-las. A abertura de possibilidades e a esperança de concretizá-las ilumina e amplia tanto as perspectivas futuras como as lembranças do passado, enquanto o desespero e o desânimo as obscurecem podendo chegar a encobri-las completamente.

A simples lembrança de realizações e alegrias do passado, também, pode iluminar e ampliar a vivência opressora de uma situação de contrariedade.

> *"Aquilo que já vivemos, não há poder que possa nos roubar...; tudo o que realizamos de grande, pensamos e sofremos, é uma riqueza interna de que nada nem ninguém nos pode privar... e nesse passado nossa vida ficou assegurada, porque ser-passado é também uma forma de ser."* (Frankl, s/d, p. 99.)

Além da expansividade, e a ela muito relacionada, encontra-se a capacidade do ser humano de vivenciar o distanciamento e a proximidade de locais, coisas e pessoas, independentemente destes estarem, de fato, presentes, mas, de acordo com seu modo de existir no mundo. Por isso, embora estando num local sem uma única pessoa, posso sentir-me acompanhada por meus amigos ausentes, ou sentir-me sozinha, mesmo encontrando-me entre muita gente. Também posso encontrar-me, de fato, num lugar e sentir-me distante dele e próxima de outro, que se encontra muito longe fisicamente, mas, ao qual sinto-me ligada naquele momento. Assim sendo, o "ver", sob um prisma vivencial, tem um sentido amplo e, de certo modo, paradoxal, pois tanto pode referir-se ao meu campo perceptual atual como ao meu "mundo", que abrange uma ampla gama de percepções e significados aquém e além do meu ambiente físico. Em resumo, aquilo que visualizamos existencialmente, como distante ou próximo, pode não ser o que está, objetivamente, a maior ou menor distância de nós.

> *"Um caminho objetivamente longo pode ser mais curto do que um caminho objetivamente curto, mas que talvez seja uma difícil caminhada e, por isso se apresente como um caminho sem fim... Orientando-se exclusivamente pelas distâncias, enquanto intervalos medidos, encobre-se a espacialidade originária do ser-em."* (Heidegger, 1988, pp. 154 e 155.)

Posso, também, vivenciar o espaço com familiaridade ou estranheza; em outras palavras, posso sentir-me acolhida e à vontade no ambiente em que me encontro num dado momento, ou uma estranha num lugar que ignoro e no qual não sei como se situar. Tal fato pode referir-se tanto ao meu ambiente físico, concretamente presente, como ao meu existir no mundo, de um modo global, em ocasiões nas quais sinto-me sintonizada e tranqüila em meu existir sem perceber quais os motivos, ou preocupada e angustiada, sem saber por que, e até mesmo sem querer prosseguir o curso de minha existência.

> *"Na vivência da decepção o homem sente-se joguete do destino,... a dor é como um poço sem fundo, no qual nunca se pode atingir o absoluto."* (Frankl, s/d, p. 109.)

Binswanger (1973) afirma que o espacializar oscila de acordo com o nosso humor, em movimentos ascendentes e descendentes, afirmando que o eixo vertical é o eixo fundamental da existência. O amor, as alegrias e as satisfações "elevam-nos" em nosso existir, levando-nos a visualizá-lo com clareza e amplitude, tanto em relação ao significado de nossas realizações como ao de nossas possibilidades, chegando até a nos dar a sensação de estarmos nas alturas do céu. O oposto se dá com a raiva, as tristezas e contrariedades, que nos "afundam" obscurecendo e restringindo os significados, tanto de nosso existir atual e já passado, como de nossas perspectivas, chegando a nos levar à sensação de estarmos atolados numa fossa (pp. 363 e 369). Tal consideração da vivência do espaço relaciona-se tanto à extensibilidade como à proximidade e distanciamento, referidos anteriormente.

Enfim, ao espacializar, não apenas nos situamos concretamente em nosso ambiente circundante, como, também, vivenciamos o nosso existir no mundo, ora com certa "elevação", amplitude, proximidade e familiaridade, ora com algum "rebaixamento", distância e estranheza; a intensidade dessa vivência varia de acordo com as oscilações que ocorrem em nossa maneira de existir que, umas vezes, é mais sintonizada e integradora, outras, mais preocupada e angustiante.

4. Escolher

A existência é uma abertura à percepção e compreensão de tudo o que a ela se apresenta. Tal abertura "é a condição da liberdade humana" (Boss, 1983, p. 123) pois é ela que proporciona a amplitude das possibilidades de escolha, no decorrer da existência.

ENFOQUE FENOMENOLÓGICO DA PERSONALIDADE

> *"Apenas onde há uma multiplicidade de fenômenos, torna-se possível a escolha e a decisão.... Tanto a abertura como a liberdade de escolha são fenômenos fundamentais que se revelam diretamente, não requerendo qualquer comprovação. Mas, como são ambos primordiais, é possível, para um deles, ser a condição de manifestação do outro."* (Boss, 1983, p. 123.)

Podemos, pois, considerar que a liberdade de escolher é tanto maior quanto mais ampla for a abertura do ser humano à percepção e compreensão de sua vivência no mundo. Essa abertura requer, também, que a compreensão esteja de acordo com a realidade; a compreensão deve ser verdadeira para que a escolha não venha a ser apenas uma quimera, ou uma ilusão. Portanto, na liberdade de escolha está contida, também, a questão da verdade.

Tradicionalmente, a verdade tem sido considerada como a adequação do conhecimento à realidade, ou à coisa; isto pressupõe que a essência da verdade é a conformidade do conhecimento com a coisa; mas trata-se de uma conformidade entre dois elementos diferentes, um concretamente presente e outro que é um pensamento, uma enunciação. Tais elementos não podem ser igualados diretamente; a sua conformidade requer uma relação entre ambos. A aparição da coisa, ou da realidade, acontece no seio da abertura do ser humano à compreensão de suas vivências; é nessa abertura que ocorre a relação entre a coisa e a enunciação, e esta relação realiza-se, "originariamente e a cada vez" com o desencadear de um comportamento.

> *"Somente pela abertura que o comportamento mantém, se torna possível a conformidade da enunciação... A verdade originária não tem sua morada original na proposição, mas na possibilidade intrínseca da abertura do comportamento.... A abertura que mantém o comportamento, aquilo que torna possível a conformidade, se funda na liberdade. A essência da verdade é a liberdade... a liberdade é a própria essência da verdade."* (Heidegger, 1979, pp. 136 e 137.)

Isto significa deslocar a verdade para a subjetividade do arbítrio humano; mesmo que o indivíduo tenha acesso à objetividade, esta permanece "relativizada" por sua abertura à compreensão de suas experiências. Entre estas encontra-se a compreensão que surge na convivência com seus semelhantes, que como ele existem no mundo, tendo ambos a capacidade de se compreenderem mutuamente; tal convivência lhes permite chegar a acordos intersubjetivos que podem, também, de certo modo, contribuir para diminuir a relatividade da verdade de cada um.

Entretanto, não há uma verdade existente por si mesma, que proporcione ao ser humano nela fundamentar-se para efetuar as suas escolhas; existem apenas possibilidades que são confirmadas, ou não, em situações particulares, nas quais ele se comporta de um ou outro modo.

"A verdade é a própria vida que a exprime: é a vida em ato... Há uma luta entre a existência e o pensamento, mas a realidade pensada, e portanto abstrata, nunca passa de um possível." (Kierkegaard, citado por Jolivet, 1961, pp. 35 e 41.)

A realidade para o ser humano está originariamente fundamentada na compreensão que ele tem das situações que vivencia, nela estando implícitas as três dimensões temporais de seu existir: como ele tem sido (passado), como está sendo (presente) e como poderá vir a ser (futuro). A realidade é compreendida numa perspectiva "historial" e, assim sendo, ao escolher tenho, por suporte, um conhecimento que se encontra relacionado ao que já aconteceu e está acontecendo, mas, também, à imprevisibilidade do que poderá vir a acontecer. E mesmo chegando a acordos intersubjetivos para o estabelecimento da verdade, o ser humano não chega a ter a certeza de conhecer verdadeiramente a realidade ou de ter feito a melhor escolha, assim como não tem a garantia de conseguir concretizá-la conforme a projetou.

É tudo isto que confere à decisão da escolha o seu caráter de liberdade e de responsabilidade, pois se o ser humano soubesse tudo com certeza, antes de se decidir, não estaria sendo livre, mas determinado pela objetividade de seus conhecimentos, que lhe indicariam uma única escolha: a verdadeira, ou a mais acertada.

Ao escolher, contamos apenas com nossa abertura à compreensão de nossa vivência e à de nossos semelhantes, que nos colocam diante de possibilidades, exigindo de nós responsabilidade para assumir o risco da imprevisibilidade das conseqüências de nossa decisão.

Todos nós já tivemos, em alguma ocasião, a experiência de nos arrependermos de uma escolha, por não nos proporcionar aquilo que dela esperávamos. Assim, também, já verificamos, ao executar nossos planos para alcançar um objetivo escolhido, o quanto eles podem ser permeados de fatos imprevisíveis, que interferem na sua realização, chegando até a impedi-la completamente. E já temos tido evidência dos riscos aos quais nos expomos ao assumirmos uma decisão... e no entanto precisamos fazer isto, a cada instante de nossa existência.

"Viver é muito arriscado" afirma um dito popular; por isso, como diz o filósofo Tillich (1972), é preciso ter-se "coragem para ser", coragem para viver a nossa vida, diante de tantas inseguranças e dos perigos que continuamente nos ameaçam.

A própria necessidade de ter de efetuar uma escolha entre várias possibilidades já contém o fundamento de minha limitação como ser humano: indica que não posso escolher e concretizar, simultaneamente, todas as minhas potencialidades. Como um ser humano vivo, materializado, só posso, em cada momento, estar concretamente presente num único lugar e só posso fazer uma coisa de cada vez; por isso cada escolha efetuada implica na renúncia de um número enorme de possibilidades. Conforme as situações, posso adiar algumas escolhas para momentos futuros, mas freqüentemente, minhas escolhas levam-me a seguir caminhos que dificultam, e às vezes até impedem, a retomada de coisas que imaginara ter renunciado apenas temporariamente. Há situações na vida de cada um de nós nas quais a opção por uma

ENFOQUE FENOMENOLÓGICO DA PERSONALIDADE

coisa importante requer a renúncia completa de outras igualmente relevantes; posso, então, ficar indecisa por algum tempo, até ganhar coragem para me despojar de algo importante que gostaria de conquistar ou, simplesmente, de manter.

Estas reflexões trouxeram-me à lembrança um antigo verso, muito simples e profundo, como costumam ser as coisas verdadeiramente simples, quando conseguimos compreendê-las:

> "Não sei se vou ou se fico,
> Não sei se fico ou se vou.
> Se vou, já sei que não fico.
> Se fico, já sei que não vou."

Essas palavras resumem muito do que estou dizendo sobre a liberdade de escolher. Antes de escolher tenho dúvidas... só depois de fazer a escolha e de concretizá-la tenha a certeza do que assumi... e do que renunciei.

O sentimento de ser livre pode ser vivido de modo amplo no momento anterior a uma decisão, quando se abrem diante de mim as múltiplas possibilidades de meu existir; nesse momento, de certo modo, "posso" tudo, ou, em outras palavras, tenho tudo ao meu alcance: "posso" casar-me e ficar solteira, ser psicóloga e artista... e tantas outras coisas; enfim posso "ir e ficar". Vivencio a amplitude de minha liberdade quando ainda estou diante das possibilidades; mas, ao assumir a decisão de uma escolha, passo para as limitações e as exigências da concretude da realidade. Entro então, num outro nível de minha existência, que é o da ação.

A ação me propicia realizar os meus projetos e para tanto preciso contar com os recursos do ambiente, neles investindo toda a minha capacidade; conforme vou agindo para concretizar os meus projetos, vou tomando contato com o mundo, desvendando-o e compreendendo-o, o mesmo acontecendo com os meus recursos pessoais. Ao escolher, planejar e agir, vou conhecendo o mundo e a mim mesma, sempre correndo o risco de pôr à prova os meus projetos, realizando-os de fato, ou verificando que não passavam de ilusões, ou de sonhos.

É por tudo isso que, quando nos encontramos em situações de grande abrangência em nossa vida, sentimo-nos angustiados e costumamos demorar para tomar uma decisão.

Há pessoas que levam grande parte de sua vida adiando o momento de efetuar uma escolha importante e de agir no sentido de concretizá-la, para manterem a ilusão da plenitude de sua liberdade, ou por se sentirem incapazes de se decidir pela renúncia de algo que consideram imprescindível, ou, ainda, pelo receio de verificar que seus projetos não passavam de sonhos. Essas pessoas não chegam nem a "ir" e nem a "ficar"; assim sendo, deixam de atualizar boa parte de suas possibilidades, não desenvolvendo os seus recursos pessoais e a sua compreensão e conhecimento de si e do mundo. Há também, os que, de certo modo, renunciam à sua liberdade de escolha, para evitar assumir a sua responsabilidade, e acomodam-se na posição de seguir os exemplos ou as normas estabelecidas pelo grupo ou a sociedade aos quais pertencem. Todos nós, em alguns momentos de nossa existência, também vivenciamos situações como estas; são momentos nos quais estamos restringindo a concretização de nossa abertura e de nossa liberdade originária, ou, em outras palavras, estamos sendo inautênticos.

Todas as considerações que teci a respeito da necessidade que temos de fazer escolhas, e agir no sentido de concretizá-las, não têm o intuito de reduzir a existência apenas ao nível da ação, pois o ser humano não se encontra restringido àquilo que faz, ou está fazendo, mas também tem possibilidades futuras, que podem vir a transformar a sua vida. A abertura para as minhas possibilidades e os meus projetos faz parte integrante do meu existir, propiciando-me vivenciar a liberdade tanto para mantê-lo na mesma direção, como para mudá-lo completamente. Mas, para isto, é necessário que eu não me mantenha, apenas, nas conjecturas e nos projetos, mas que aja no sentido de concretizá-los. Sob outro aspecto, os projetos, as conjecturas e até mesmo as ilusões e os sonhos fazem parte de nossa vida, estimulando-nos a seguir em frente e, de certo modo, fortalecendo-nos para enfrentar a "dureza" dos infortúnios e as limitações da realidade; entretanto, se permanecermos apenas neles, não chegaremos a dar conta da realização de nossa própria existência. Às vezes conseguimos até transformar os sonhos em realidade, o que acontece quando nos empenhamos nesse sentido, conseguindo encontrar as possíveis relações existentes entre ambos. Portanto, o sonhar, o conjecturar e o escolher, o planejar e o agir fazem parte de nossa vida, complementando-se mutuamente, no decorrer da mesma.

Quando tenho coragem para enfrentar a angústia da insegurança e faço escolhas, agindo para concretizá-las, conseguindo fazê-lo de modo satisfatório, vivencio uma agradável tranqüilidade que surge como uma repousante pausa, na minha luta para dar conta de minha própria existência. As minhas realizações ampliam a visualização de minhas possibilidades e estas estimulam-me para novas escolhas que procuro concretizar, e assim prossigo o curso de minha existência.

Pode, também, acontecer que eu fracasse em meus empreendimentos, e me sinta confusa, frustrada e desanimada; e que esse fato me leve a reduzir, temporariamente, as minhas possibilidades e a rebaixar a confiança em minha capacidade e no próprio mundo que se mostra impróprio e desfavorável à realização de meus projetos. Nessa circunstância, posso sentir dificuldade em achar um significado para essa experiência frustradora. Meu passado, então, em lugar de ser um respaldo para que eu me lance em novas escolhas e novos empreendimentos, pode se tornar um pesado fardo, como grilhões atados aos meus pés que me dificultam prosseguir a "caminhada" de minha existência. Quanto maior a importância e a amplitude em minha vida, do projeto fracassado, maior será a minha dificuldade para superar a situação. O ser humano, porém, normalmente, acaba conseguindo superar tais dificuldades e, quando isto acontece, adquire uma compreensão mais completa de sua existência, passando a nela incluir não apenas a sua riqueza em possibilidades, mas, também, os seus limites, decorrentes tanto dele próprio, quanto do mundo e das implicações recíprocas entre ambos; assim sendo, ele passa a abrir-se, novamente para as suas possibilidades, já agora de forma mais esclarecida e amadurecida (Forghieri, 1986, 1989a).

Mas quando somos bem sucedidos em nossas escolhas e em nossos empreendimentos, sempre nos resta algum sentimento de culpa, decorrente de algo que ficou faltando. No caso do fracasso, sentimo-nos culpados por considerarmos que não fomos competentes e, no caso do sucesso, por percebermos que, ao fazermos uma escolha e realizarmos um projeto, fomos obrigados a renunciar a muitos outros, entre os quais alguns jamais poderão ser retomados. A culpa é inerente ao próprio existir humano, pois nunca encontramos condições de realizar todas as nossas possibilidades.

V - Considerações sobre o Ser-Doente e o Ser-Saudável Existencialmente

O ser humano é um ser-no-mundo; existe sempre em relação com algo ou alguém e compreende as suas experiências, ou seja, lhes atribui significados, dando sentido à sua existência. Vive num certo espaço e em determinado tempo, mas os vivencia com uma amplitude que ultrapassa estas dimensões objetivas, pois, consegue transcender a situação imediata; seu existir abrange não apenas aquilo que é e está vivendo em dado instante, mas, também, as múltiplas possibilidades às quais encontra-se aberta a sua existência.

Entretanto, a abertura originária às nossas possibilidades não se realiza facilmente, pois, defrontamo-nos com obstáculos e restrições no decorrer da existência; estes fazem parte de nossa facticidade, que abrange a materialidade do mundo e a nossa própria. O ambiente, o clima, as intempéries, os acidentes, bem como o nosso organismo, os instintos, condicionamentos e doenças aos quais estamos sujeitos, constituem limites mundanos e pessoais à vida de todos nós.

Acresce, ainda, que a facticidade da existência restringe a presença concreta do indivíduo, em determinado momento, a um único lugar e lhe permite fazer apenas uma coisa de cada vez. Por isso ele não consegue realizar todas as suas possibilidades; precisa fazer escolhas entre estas e cada escolha implica em muitas renúncias.

A livre abertura originária do ser humano às suas múltiplas possibilidades e as restrições a essa abertura, que surgem na concretude do existir, evidenciam o quanto a existência humana é paradoxal.

Os paradoxos fazem parte de nossa vida e se manifestam sob vários aspectos. Assim, embora sendo racionais, também vivenciamos, pré-reflexivamente, o fluxo de nosso existir imediato, e no decorrer de nossas experiências podemos nos sentir, tanto tranqüilos e contentes, como aflitos e contrariados; somos livres, mas, também, somos determinados por condicionamentos e circunstâncias variados; amamos e odiamos; somos voltados para nosso semelhante, mas, também, cuidamos do nosso próprio bem; convivemos com outras pessoas, mas, nem por isso deixamos de nos confrontar com nossa própria solidão.

> *"Finalmente, somos vivos, mas, também mortais. Vivemos e morremos, de certo modo simultaneamente, pois, a cada dia que passa, nossa existência tanto vai se ampliando quanto vai se tornando mais curta. No decorrer de nosso existir caminhamos, a cada dia, para viver mais plenamente, assim como para morrer mais proximamente."* (Forghieri, 1984a, p. 18.)

A própria existência de opostos é que nos dá o verdadeiro significado de cada um dos pólos que, de certo modo, se opõem, mas que em nossa vida cotidiana constituem uma totalidade. Assim, a tristeza adquire o seu verdadeiro sentido quando já vivenciei a alegria; a angústia ao ser confrontada com a tranqüilidade; o cansaço com o descanso; as obrigações com o lazer; e vice-versa, também. Se consigo sentir-me verdadeiramente alegre é porque já tenho me sentido profundamente triste; se consigo sentir plenamente a ternura de uma convivência amorosa é porque já conheço a angústia de minha própria solidão.

E acontece, ainda, que no contínuo fluxo de nosso existir, os acontecimentos estão constantemente mudando de sentido, chegando mesmo a passar de um significado para o seu oposto. Assim, o que é novo vai se tornando velho com o decorrer do tempo; o que era ignorado torna-se sabido com o conhecimento; o que era difícil fica fácil ao ser compreendido; o que era engraçado perde a graça quando repetido; o que era prazeroso, ao ser compartilhado, torna-se melancólico na solidão.

O nosso existir é realmente cheio de incertezas, pois decorre num fluxo crivado de paradoxos e de riscos que nos dificultam ter segurança para agir. A insegurança permanece mesmo quando procuramos nos apoiar nas experiências passadas, agindo em termos do que já conhecemos, pois, o presente também é abertura para o futuro e este sempre contém imprevistos, que, tanto nos aparecem em agradáveis surpresas, como em tristes desapontamentos e, algumas vezes, até em infortúnios que podem nos abalar e transformar, profundamente, a nossa vida.

É por isso que precisamos ter "coragem para ser" (Tillich, 1972), coragem para viver a nossa própria existência, pois ao nos abrirmos às nossas amplas possibilidades, precisamos nos defrontar com a insegurança de imprevistos, paradoxos e restrições.

> *"A essência fundamental do homem sadio caracteriza-se, precisamente, pelo seu poder dispor, livremente, do conjunto de possibilidades de relação que lhe foi dado manter com o que se lhe apresenta na abertura livre de seu mundo."* (Boss, 1976, p. 14.)

E isto, apesar das dificuldades que fatalmente surgirão no decorrer de sua vida.

ENFOQUE FENOMENOLÓGICO DA PERSONALIDADE

Ser sadio existencialmente consiste tanto em se abrir às próprias possibilidades, como em aceitar e enfrentar os paradoxos e restrições da existência. A saúde existencial está profundamente relacionada ao modo como conseguimos estabelecer articulações eficientes entre a amplitude e as restrições de nosso existir.

> *"O ser-doente só pode ser compreendido a partir do modo de ser-sadio e da constituição fundamental do homem saudável, não perturbado, pois todo modo de ser-doente representa um aspecto privativo de determinado modo de ser-não."* (Boss, idem, p. 14.)

A pessoa que se encontra doente "não dispõe livremente e nem normalmente de todas as possibilidades de relações que poderia manter com o mundo" (Boss, 1975, p. 19); sua relação consigo e com o mundo encontra-se consideravelmente restringida.

Entretanto, a simples ocorrência de restrições e conflitos na vida da pessoa não é suficiente para que ela se torne existencialmente doente, pois, eles fazem parte da própria vida. O adoecimento existencial só acontece quando as limitações e conflitos não são reconhecidos e enfrentados pela pessoa, à luz de suas múltiplas possibilidades, passando, então, a se tornar exageradamente ampliados e dominantes em sua vida.

Assim, por exemplo, uma pessoa pode adoecer fisicamente e por isso passar a vivenciar dores e restrições; se estas forem prolongadas e intensas ela pode não aceitá-las e não conseguir dar-lhes um significado em sua existência. Neste caso, não consegue abrir-se às outras suas possibilidades, ficando revoltada com seu sofrimento, sentindo-se aflita e insatisfeita consigo mesma e com sua existência, ou indiferente e apática às suas experiências. Então, as restrições e o sofrimento tornam-se, por longo tempo, predominantes em sua vida e ela passa a ficar existencialmente enferma. A insatisfação ou indiferença podem surgir em outras situações de intenso sofrimento, tais como as de morte de uma pessoa querida, perda de algo muito importante, ou frustração por não conseguir atingir um objetivo intensamente desejado.

Porém, a própria ocorrência de fatos que acarretam diminuição de recursos pessoais ou restrição de condições externas na vida de um indivíduo podem transformar-se num estímulo para que ele se dedique à descoberta e atualização de possibilidades das quais, até então, não havia percebido possuir, ou não as havia valorizado suficientemente, para se dispor a atualizá-las. O importante é que ele reconheça as suas limitações para que possa, também, transcendê-las, de algum modo, através da descoberta de suas outras possibilidades. Em outras palavras, é necessário que a pessoa aceite as situações de sofrimento e com elas se envolva, para que consiga compreendê-las e ter, então, condições de se abrir às suas possibilidades de existir, que continuarão sendo amplas, apesar das restrições e sofrimentos que estiver vivenciando em determinado momento.

A diminuição de abertura às próprias possibilidades está profundamente relacionada à diminuição do envolvimento e sintonia da pessoa com as situações de grande sofrimento que ela experiencia, relacionadas a conflitos e restrições com os quais ela se defronta, sejam estes devidos a circunstâncias pessoais ou externas e de natureza física, psíquica ou existencial. Nos momentos de intenso sofrimento, é comum a pessoa sentir-se sozinha e distanciada, não apenas das situações concretas, mas, principalmente, de seus semelhantes. Esta vivência de distanciamento e solidão dificulta-lhe ou lhe impede, temporariamente, de se envolver nas situações e, conseqüentemente, de compreendê-las, ou lhes atribuir significado em sua existência. E como "o que percebemos não são os fatos em si mesmos, mas, sim os seus significados" (Binswanger, 1963, p. 114), enquanto a pessoa permanecer distanciada da situação, não visualiza as peculiaridades desta e os recursos que possui para enfrentá-la; conseqüentemente, fica sem saber como agir para se libertar de seu sofrimento e prosseguir o curso normal de sua existência.

Algumas pessoas, ao vivenciarem situações de grande contrariedade relacionadas a conflitos ou restrições de sua existência, apresentam manifestações somáticas desse seu sofrimento, como por exemplo forte dor de cabeça ou um cansaço intenso, não justificados por razões orgânicas ou pelos esforços físicos despendidos. Quando essas manifestações somáticas tornam-se prolongadas, freqüentes, ou muito intensas, podem vir a se constituir em restrições acentuadas que dificultam a abertura da pessoa a muitas de suas possibilidades de existência e ela torna-se, então, existencialmente doente. A esse respeito Binswanger (1973, 1977) e Boss (1975, 1976) referem-se a exemplos de enfermidade existencial, nos quais o indivíduo chega a perder os sentidos, a manifestar paralisias, cegueira ou surdez, sem lesões orgânicas que as justifiquem. Entre esses exemplos Boss (1975) relata o caso de uma jovem que desmaiou ao experienciar o conflito de sentir, ao mesmo tempo, e de forma muito intensa, atração e repulsa por um jovem, no momento em que defrontou-se com ele na rua. Ficou, então, entregue à situação, sendo completamente dominada por sua relação contraditória com a mesma, de forma confusa, pré-reflexiva, sem condições sequer para percebê-la, analisá-la e chegar a uma decisão sobre como agir naquele momento. Esta sua vivência manifestou-se em seu desmaio, que foi a expressão corporal do quanto sentia-se paralisada existencialmente.

> "Sob o ponto de vista fenomenológico, há perturbações somáticas que revelam sob o aspecto corporal uma possibilidade de comportamento existencial que a pessoa não conseguiu levar a bom êxito." (Idem, p. 23.)

Entretanto, apesar de vivenciar momentos de restrição, conflitos e intensas contrariedades, o ser humano saudável, embora nessas ocasiões possa ficar inicialmente confuso, aflito, ou alheio à situação, acaba conseguindo recuperar o envolvimento e sintonia com o seu sofrimento, atribuindo-lhe significado em sua existência. Desse modo consegue, também, recuperar a abertura às suas possibilidades e passa a ter condições de decidir entre elas, em qual pretende empenhar-se e quais as ações com as quais quer comprometer-se para resolver, superar ou aceitar uma determinada situação.

ENFOQUE FENOMENOLÓGICO DA PERSONALIDADE

No decorrer da vida, há pessoas que não conseguem reconhecer e aceitar a insegurança, paradoxos e limitações de sua existência, sentindo-se confusas, desanimadas, alheias ou revoltadas diante deles; há outras que se sentem tão ameaçadas e angustiadas diante dos concretos ou possíveis riscos de sua vida que procuram deles esquivar-se de algum modo. Essas pessoas passam a viver de modo restrito, empobrecido, minimizando a atualização de suas potencialidades e a descoberta e compreensão de si e do mundo; embora consigam vivenciar raros momentos de alguma satisfação, costumam sentir-se predominantemente insatisfeitas e contrariadas consigo mesmas e com sua própria existência. Essas pessoas encontram-se existencialmente enfermas.

Por outro lado, há indivíduos saudáveis, que reconhecem e aceitam a insegurança, limitações e paradoxos de sua existência e têm coragem para assumi-los, envolvendo-se nas situações e enfrentando os riscos para tentar resolvê-las. Desse modo, eles vão gradativamente, abrindo-se às suas possibilidades de existir, desenvolvendo suas potencialidades e conseguindo ampliar, cada vez mais, a compreensão de si e do mundo. Tais indivíduos vivenciam momentos de contrariedade, aflição e angústia, porém, sentem-se predominantemente tranqüilos e satisfeitos consigo próprios e com a sua existência.

> *"A essência de todos os sofrimentos humanos fundamenta-se no fato de que a pessoa perdeu essa capacidade de se abrir e de se decidir livremente acerca de suas possibilidades de comportamento normal... Os métodos psicoterapêuticos têm por objetivo devolver à pessoa, na medida do possível, a livre disposição de suas possibilidades existenciais de comportamento que respondem aos dados do mundo."* (Boss, 1975, p. 24.)

A atuação psicoterapêutica no sentido de auxiliar a pessoa a recuperar a abertura às múltiplas possibilidades de sua existência foi assunto do qual tratei, anteriormente, em outro trabalho (Forghieri, 1984a). Nessa atuação, é de grande importância a presença genuína do terapeuta; por meio dela pode ser viabilizada a recuperação do envolvimento e da sintonia da pessoa com o mundo e consigo mesma. Afinal, desde o início de nossa vida aprendemos a vivê-la com alguém... alguém que nos envolveu, acolheu e ensinou a dar os primeiros passos nessa longa, difícil e perigosa caminhada que constitui a nossa existência.

4

CONTRIBUIÇÕES DA FENOMENOLOGIA PARA A PESQUISA NA PSICOLOGIA

I - Introdução

Os cientistas em geral almejam com suas investigações conseguir captar e enunciar o verdadeiro significado da realidade, e na tentativa de alcançar esse objetivo vários são os meios que por eles têm sido utilizados. Entre esses destaca-se o método experimental, que, a partir do século passado, tornou-se o principal recurso para a investigação nas ciências da natureza, proporcionando-lhes chegar a inumeráveis e relevantes descobertas sobre o mundo em geral. Graças a estas, ele tem sido considerado, por uma grande parte de investigadores, como o método científico por excelência. Tal método tem por pressuposto básico que o cientista e o seu objeto de estudo são completamente separados e independentes; o cientista é comparável a um espelho que reflete, de forma objetiva, os eventos que pretenda conhecer.

Em decorrência do grande sucesso alcançado pelo método experimental nas ciências da natureza, ele passou a ser utilizado, também, pela Psicologia, a partir do início de nosso século, levando-a a alcançar, desde então, importantes descobertas sobre o psiquismo animal e humano. Essa utilização implica em considerar o ser humano como um objeto entre outros objetos da natureza, governado por leis que determinam os eventos psicológicos. Implica, portanto, em restringir o objeto de estudo da Psicologia aos aspectos externamente observáveis do psiquismo humano. Porém, além destes, o psiquismo humano, que é muito amplo e complexo, apresenta outros aspectos que não podem ser atingidos diretamente, pela observação externa. Tal é o caso da vivência, ou experiência vivida, que só pode ser alcançada, diretamente, pelo próprio sujeito.

Diferentemente dos animais e das coisas da natureza o ser humano não vive apenas como uma roupa no armário, uma planta no vaso, ou um cachorro no canil. O homem, além de viver em determinado lugar, tem consciência de sua própria vida e dos entes com os quais se relaciona, atribuindo significado aos acontecimentos de sua existência. O seu comportamento costuma revelar, externamente, aspectos dessa sua experiência, porém, apenas de forma indireta e incompleta, que pode levar o pesquisador a sérios enganos sobre a mesma.

Shlien (1964) apresenta um exemplo simples para ilustrar esse tipo de ocorrência, relatando o caso de um psicólogo que estava pretendendo fazer o diagnóstico de uma criança, observando-a, sem que o percebesse, no quintal de sua própria residência, onde poderia comportar-se espontaneamente. Notou, então, que ela a princípio chutava as pedras do jardim, depois as plantas e, finalmente, pegou uma minhoca e começou a cortá-la ao meio, com muito prazer. Considerou que a criança estava apresentando um comportamento agressivo, no início em relação às coisas inanimadas, depois às plantas e por último, em nível mais relevante, a um animal. Porém, como percebeu que ela estava murmurando algo, aproximou-se e conseguiu ouvi-la dizer, com grande satisfação: "Pronto! Agora você já tem um amiguinho!" Verificou, então, que ela não pretendia destruir a minhoca, mas, simplesmente, dar-lhe um companheiro, ou tirá-la da solidão.

As situações que alguém vivencia não possuem, apenas, um significado em si mesmas, mas adquirem um sentido para quem as experiencia, que se encontra relacionado à sua própria maneira de existir. É o que podemos notar no caso acima relatado, assim como no exemplo, ao qual já me referi, a respeito de uma frondosa paineira florida ao ser contemplada por uma jovem romântica ou um madeireiro ambicioso. Ele a percebe como um valioso objeto que pode ser vendido por ótimo preço; ela visualiza a mesma árvore como propiciadora de aprazível local para um encontro com seu amado.

O sentido que uma situação tem para a própria pessoa é uma experiência íntima que geralmente escapa à observação do psicólogo, pois, o ser humano não é transparente; para desvendar sua experiência o pesquisador precisa de informações a esse respeito, fornecidas pela própria pessoa. A investigação desse tipo de experiência, que constitui a vivência, apresenta-se como um desafio para o método experimental que está voltado para a observação dos fatos e o significado destes, considerando-os em si mesmos.

O método fenomenológico apresenta-se, então, à Psicologia, como um recurso apropriado para pesquisar a vivência.

II - O Método Fenomenológico na Investigação da Vivência

Nos dois capítulos anteriores, tratei dos fundamentos do método fenomenológico, das possibilidades de sua transposição para o campo da Psicologia e do modo como dele me utilizei para elaborar um enfoque da personalidade.

Retomo aqui, resumidamente, considerações lá apresentadas, ampliando-as em alguns pontos, a fim de inseri-las, especificamente no campo da investigação da vivência de pessoas em determinadas situações, tais como as de aprendizagem, medo, contentamento, contrariedade etc..

CONTRIBUIÇÕES DA FENOMENOLOGIA PARA A PESQUISA NA PSICOLOGIA

A Fenomenologia surgiu no campo da Filosofia como um método que possibilitasse chegar à essência do próprio conhecimento, apresentando a redução fenomenológica como o recurso para empreender essa tarefa.

A redução fenomenológica consiste em retornar ao mundo da vida, tal qual aparece antes de qualquer alteração produzida por sistemas filosóficos, teorias científicas ou preconceitos do sujeito; retornar à experiência vivida e sobre ela fazer uma profunda reflexão que permita chegar à essência do conhecimento, ou ao modo como este se constituiu no próprio existir humano.

Ao fazer a transposição do método fenomenológico, do campo da Filosofia para o da Psicologia, o objeto inicial de chegar à essência do próprio conhecimento passa a ser o de procurar captar o sentido ou o significado da vivência para a pessoa em determinadas situações, por ela experienciadas em seu existir cotidiano.

Na Psicologia, não há o intuito de se

> *"chegar a um esclarecimento filosófico-fenomenológico da estrutura transcendental do ser humano enquanto ser-no-mundo, mas, sim, empreender uma análise existencial ou empírico-fenomenológica de formas concretas de existência"* (Binswanger, 1973, p. 436.)

Ao se utilizar da redução fenomenológica para investigar formas concretas de existência, ou experiências vividas em determinadas situações, o pesquisador deve iniciar o seu trabalho voltando-se para a sua própria vivência a fim de refletir sobre ela para captar o significado da mesma em sua existência. Como diz Merleau-Ponty (1973),

> *"é no contato com a nossa própria experiência que elaboramos as noções fundamentais das quais a Psicologia se serve a cada momento."* (p. 33.)

Mas, para chegar a esse contato com a imediatez de sua vivência, é necessário que o pesquisador procure colocar "entre parênteses", ou fora de ação, os conhecimentos adquiridos anteriormente sobre a experiência que está investigando. E como "o maior ensinamento da redução é a impossibilidade de uma redução completa" (Merleau-Ponty, 1971, p. 11), a redução fenomenológica consiste, então,

> *"numa profunda reflexão que nos revele os preconceitos em nós estabelecidos e nos leve a transformar este condicionamento sofrido em condicionamento consciente, sem jamais negar a sua existência."* (Merleau-Ponty, 1973, p. 22.)

Além de se utilizar da redução fenomenológica para investigar sua própria vivência, o pesquisador dela se utiliza, também, para estudar a vivência de outras pessoas.

Nada impede que entre as coisas por mim vividas a reflexão fenomenológica se dirija para o outro, pois percebo o outro e suas condutas." (Merleau-Ponty, 1973, p. 40.)

"Somos um para o outro colaboradores numa reciprocidade perfeita; nossas perspectivas deslizam uma na outra, coexistindo através de um mesmo mundo." (*Idem*, 1971, p. 338.)

Embora cada um de nós apresente peculiaridades relacionadas ao próprio modo de existir, também somos seres humanos semelhantes existindo num mesmo mundo; é esta estrutura comum que nos possibilita compreendermo-nos e conhecermo-nos uns aos outros (Binswanger, 1973).

Interpretando as formulações acima, do modo como as compreendo, considero que a redução fenomenológica, no campo da Psicologia, constitui-se de dois momentos, paradoxalmente inter-relacionados e reversíveis, que denomino de envolvimento existencial e distanciamento reflexivo. Ela inicia-se com o envolvimento existencial que consiste no retorno do pesquisador à vivência e sua penetração na mesma; prossegue com o distanciamento reflexivo que consiste na reflexão sobre a vivência e na enunciação de seu significado para a pessoa que a experiencia. Descrevo, a seguir, de forma minuciosa, no que consistem esses dois momentos.

1. Envolvimento existencial

Este momento requer que o pesquisador, preliminarmente, procure colocar fora de ação os conhecimentos por ele já adquiridos sobre a vivência que está pretendendo investigar, para então tentar abrir-se a essa vivência e nela penetrar de modo espontâneo e experiencial. É preciso que ele não apenas se recorde dela, mas, procure nela emergir para revivê-la de modo intenso; é necessário, portanto, que procure ter com ela uma profunda sintonia. Em outras palavras, o pesquisador precisa iniciar seu trabalho procurando sair de uma atitude intelectualizada para se soltar ao fluir de sua própria vivência, nela penetrando de modo espontâneo e profundo, para deixar surgir a intuição, percepção, sentimentos e sensações que brotam numa totalidade, proporcionando-lhe uma compreensão global, intuitiva, pré-reflexiva, dessa vivência.

2. Distanciamento reflexivo

Após penetrar na vivência de uma determinada situação, nela envolvendo-se e dela obtendo uma compreensão global pré-reflexiva, o pesquisador procura estabelecer um certo distanciamento da vivência, para refletir sobre essa sua compreensão e tentar captar e enunciar, descritivamente, o seu sentido ou o significado daquela vivência em seu existir. Porém, o distanciamento não chega a ser completo; ele deve sempre manter um elo de ligação

CONTRIBUIÇÕES DA FENOMENOLOGIA PARA A PESQUISA NA PSICOLOGIA

com a vivência, a ela voltando a cada instante, para que a enunciação descritiva da mesma seja a mais próxima possível da própria vivência. Tal enunciação, portanto, não deve ser feita em termos científicos e sim em linguagem simples, semelhante à que é utilizada na vida cotidiana.

Os momentos acima descritos têm como ponto de partida a vivência do próprio psicólogo.

Mas, como já referi, anteriormente, o método fenomenológico também pode, e costuma ser usado pelo psicólogo para investigar a vivência de outra pessoa. Nesse caso, o envolvimento existencial e o distanciamento reflexivo do pesquisador devem ser voltados para a vivência dessa pessoa.

É possível, ainda, ao psicólogo envolver-se e refletir a respeito de enunciados emitidos por outros pesquisadores, decorrentes de reflexões feitas por estes sobre sua própria vivência, pois, o cientista

> *"está sempre situado, individualizado e é por isto que necessita do diálogo; entrar em comunicação com outras situações (vividas e relatadas por outros filósofos ou outros homens) é a maneira mais segura de ultrapassar seus limites."* (Merleau-Ponty, 1973, p. 24.)

Neste caso, o pesquisador parte dos enunciados do autor sobre determinada vivência, procura penetrar na vivência deste, para compreendê-los, relaciona-os à sua própria vivência e à de outras pessoas, reflete sobre tudo isto e chega às suas próprias enunciações a respeito do assunto.

Considero importante esclarecer que, embora tenha descrito, separadamente, o envolvimento existencial e o distanciamento reflexivo para facilitar a definição de cada um deles, na prática ambos são paradoxalmente inter-relacionados e reversíveis, não chegando a haver completa separação entre eles, mas, apenas, predominância, ora de um, ora de outro.

Apresento a seguir, de modo mais pessoal e particularizado, como tenho me utilizado do método fenomenológico, considerando ser a redução fenomenológica constituída dos dois momentos acima descritos.

No envolvimento existencial procuro penetrar numa situação pela qual estou interessada em investigar, a fim de chegar o mais próximo possível da vivência da mesma, deixando de lado as análises e interpretações racionais, sejam elas científicas ou não. Tal tentativa de penetração diz respeito tanto a situações que me estão acontecendo no momento, como àquelas que já aconteceram, ou imagino que possam vir a acontecer. O envolvimento pode, também, ocorrer de forma espontânea, ou, em outras palavras, sem que eu me proponha chegar a ele.

Quando o envolvimento ocorre em relação a uma situação vivenciada por outra pessoa — por mim presenciada ou por ela relatada — procuro nela penetrar para partilhar da mesma e compreender como essa pessoa vivencia tal situação, de acordo com seu próprio modo de existir.

O envolvimento existencial com enunciações de um texto científico costuma surgir espontaneamente, quando, ao lê-o, sinto que algo me toca de algum modo, algo que diz respeito à minha própria vivência ou à de pessoas com as quais tenho convivido. Mas, ele pode surgir, também, quando propositadamente procuro averiguar o quanto as afirmações do autor podem ou não ser confirmadas na vivência acima referida.

O distanciamento reflexivo ocorre logo após o envolvimento existencial, quando deste procuro distanciar-me a fim de refletir sobre a vivência e me deter nessa reflexão para analisá-la e enunciar descritivamente os significados, ou o sentido, que nela captei, intuitivamente, durante o envolvimento.

Embora tenha descrito, separadamente, o envolvimento existencial e o distanciamento reflexivo, julgo importante reafirmar que ambos são paradoxalmente inter-relacionados e reversíveis, convertendo-se o primeiro no segundo e este novamente no primeiro, e assim, sucessivamente, até chegar a uma descrição que considero satisfatória, no momento em que dou por terminada a minha tarefa. Isto não significa que a tarefa esteja completamente encerrada, pois a mesma poderá ser retomada em momento posterior que me revele a necessidade de novos esclarecimentos.

III - Exemplo de Investigação Fenomenológica da Vivência

A — TEMA: Contrariedade e bem-estar humanos

B — JUSTIFICATIVA

Comecei, em 1960, a me dedicar ao trabalho de empreender pesquisas fenomenológicas da vivência de pessoas em determinadas situações e, desde então, meu interesse tem estado voltado para o estudo de dois tipos de experiências contrastantes: o bem-estar e a contrariedade. A princípio, preocupei-me, também, com situações nas quais eles podem ocorrer: a realização e a frustração pessoal, respectivamente. Empreendi, ao todo, seis pesquisas nas quais investiguei ora um ora outro desses dois tipos de vivência. Apresentei e discuti, em congresso, essas investigações, cujos resumos foram publicados nos anais desses eventos científicos. (Forghieri, 1984b, 1985, 1986, 1988, 1989b.)

A motivação para empreender essas pesquisas surgiu em decorrência de ter notado em minha própria vida e na de meus clientes: 1) a constante alternância de bem-estar e de contrariedade; 2) o quanto esses dois tipos de experiência, quando vivenciados intensamente, exercem influências significativas no desenvolvimento da personalidade, ora favorecendo-o ora dificultando-o.

Paralelamente à realização de pesquisas, fui dedicando-me ao estudo da Fenomenologia e de suas relações com a Psicologia, tendo chegado à elaboração de um enfoque fenomenológico da personalidade, no qual procurei reunir características básicas do existir humano: o compreender, o temporalizar, o espacializar, o escolher e o conviver.

CONTRIBUIÇÕES DA FENOMENOLOGIA PARA A PESQUISA NA PSICOLOGIA   **63**

Todas essas atividades levaram-me a aprofundar os conhecimentos e desenvolver a prática no campo da investigação fenomenológica. Permitiram-me, também, chegar a vários esclarecimentos sobre a personalidade humana e aqueles dois tipos de vivência que, até então, eu vinha pesquisando, separadamente, mas havia percebido estarem muito relacionados.

Decidi, então, realizar uma pesquisa que abarcasse tanto o bem-estar como a contrariedade e me permitisse averiguar enunciados contidos no enfoque da personalidade que eu havia elaborado. É dessa pesquisa que trato, com pormenores, nesta parte do trabalho.

C — OBJETIVOS

Considerando a contrariedade e o bem-estar como dois tipos de vivência diferentes e muito importantes, que se alternam na vida das pessoas e que ao serem experienciados de forma intensa exercem influências significativas na sua personalidade, a investigação teve por objetivo verificar:

1 — quais as peculiaridades da vivência intensa de contrariedade e de bem-estar;
2 — que influências esses dois tipos de vivência intensa exercem na personalidade das pessoas que as experienciam.

D — METODOLOGIA

O estudo foi realizado com dez estudantes de Curso de Pós-Graduação em Psicologia, provenientes dos seguintes cursos de graduação: 1 de Filosofia, 3 de Enfermagem, 3 de Pedagogia e 3 de Psicologia.

O material de estudo utilizado foi o relato pormenorizado de cada sujeito sobre sua vivência intensa de dois tipos de experiência: a contrariedade e o bem-estar.

A metodologia utilizada fundamentou-se na redução fenomenológica, de acordo com o modo como compreendo o seu uso na investigação da vivência em determinadas situações, que consiste em focalizá-la através do envolvimento existencial e do distanciamento reflexivo do pesquisador. A descrição desse meu modo de compreender a redução fenomenológica encontra-se no item II deste capítulo; seus fundamentos podem ser encontrados nos capítulos II e III deste livro.

Apresento, a seguir, os passos que segui na realização da pesquisa.

1. Obtenção do Material de Estudo

Um dos requisitos básicos da pesquisa fenomenológica diz respeito à maneira como é obtido o seu material de estudo, pois, devendo este ser constituído de relatos espontâneos e sinceros do sujeito sobre a sua vivência, alguns cuidados devem ser observados para que as informações por ele fornecidas sejam claras, autênticas e próximas de sua experiência imediata.

Como o sujeito tem uma participação direta e consciente no fornecimento do material de estudo, além de querer participar da pesquisa, é necessário que ele compreenda a importância desta e de sua colaboração na mesma, e sinta alguma segurança para poder se soltar ao fluxo de sua vivência e para se dispor a relatá-la. E é o pesquisador quem deve proporcionar ao sujeito condições para que isto aconteça.

Por isso, a redução fenomenológica, da qual se utiliza o investigador para empreender o seu estudo, precisa, de certo modo, ser praticada, também, por aquele que é sujeito da pesquisa. Assim sendo, é necessário que este encontre-se em condições:

a) de "suspender", ou colocar fora de ação os seus conceitos e teorias sobre a experiência que pretende relatar;
b) de penetrar na sua vivência e refletir sobre ela, para depois descrevê-la ou relatá-la.

Em outras palavras, o envolvimento existencial e o distanciamento reflexivo devem ser utilizados pelo sujeito, a fim de conseguir fornecer relatos ou descrições que estejam o mais próximo possível de sua própria vivência; e que, por esse motivo, devem ser feitos em linguagem simples, comum à vida cotidiana.

Com o intuito de oferecer aos sujeitos desta pesquisa condições para que os seus relatos tivessem as qualidades acima referidas, realizei com eles duas reuniões semanais.

Na primeira reunião, forneci, no início, esclarecimentos sobre a contrariedade e o bem-estar, a importância de seu estudo e todos assumimos o compromisso de não divulgarmos, fora do grupo, os acontecimentos que ali ocorressem. No final, solicitei que, durante a semana, procurassem se recordar de situações, nas quais tivessem vivenciado, de forma intensa, a contrariedade e o bem-estar, selecionando, para cada um desses tipos de vivência, aquela que considerassem ter sido a mais importante; depois, procurassem revivê-la de modo profundo e refletissem sobre essa vivência; tentassem, então, fazer por escrito descrição minuciosa da mesma, de forma espontânea, em linguagem simples, próxima à da vida cotidiana, desprovida de elaborações conceituais e interpretações científicas. Essas descrições deveriam ser preparadas para o nosso encontro da semana seguinte.

Na segunda reunião, solicitei que cada sujeito relatasse para o grupo a descrição que fizera de sua vivência de contrariedade e de bem-estar intensos. Recomendei a todos que ouvissem, atentamente, o relato de cada colega, procurando compreendê-lo e tentando observar: as possíveis semelhanças e diferenças em relação à sua própria vivência; os detalhes que poderiam lhes fornecer indícios para ampliarem os seus relatos, mas, procurando sempre manter as suas próprias peculiaridades. No final dessa reunião, dois sujeitos entregaram-me seus relatos escritos, neles inserindo algumas ampliações; os outros os entregaram no dia seguinte, pois, pediram-me para reescrevê-los, alegando serem muitas as informações que neles desejavam acrescentar.

As situações de vivência de contrariedade intensa contidas nos relatos dos sujeitos foram as seguintes: rompimento de relacionamento amoroso (3), morte de pessoa querida (2),

CONTRIBUIÇÕES DA FENOMENOLOGIA PARA A PESQUISA NA PSICOLOGIA **65**

doença grave do sujeito (2), ou de pessoa querida (1), demissão do emprego (1), reprovação em exame de seleção para ingresso na Pós-Graduação (1). As de bem-estar foram as seguintes: casamento ou assunção de compromisso amoroso (2), rompimento de casamento (1), recuperação da própria saúde (2), ou de pessoa querida (1), realização satisfatória de empreendimento difícil na área profissional (3), aprovação em exame vestibular (1).

2. Análise compreensiva dos relatos sobre a contrariedade e o bem-estar de cada sujeito

Esta foi feita para cada um dos dois tipos de vivência, por meio do envolvimento existencial e do distanciamento reflexivo do pesquisador, já descritos anteriormente.

Apresento, a seguir, as etapas que segui durante a análise compreensiva dos relatos dos sujeitos.

1.ª Etapa: Descrição preliminar da vivência de contrariedade e de bem-estar para cada sujeito.

Inicialmente, li o relato inteiro de cada sujeito, procurando me envolver e penetrar na sua vivência, dele sentindo-me próxima, para chegar a uma compreensão global e intuitiva de seu modo de existir durante as suas experiências de contrariedade e de bem-estar.

Depois, fiz uma releitura de cada um dos tipos de vivência, separadamente, de acordo com a seqüência na qual foram descritos pelo sujeito e me detive em cada parte do relato, que expressava a sua vivência na situação, e não apenas descrevia pormenores da mesma. Ao me deter, procurei envolver-me na vivência do sujeito ou nela penetrar para captar, intuitivamente, o seu significado para ele. Depois, refleti sobre a mesma a fim de enunciar o significado que havia captado intuitivamente, envolvendo-me e distanciando-me quantas vezes percebi ser necessário para conseguir este meu intuito.

Após enunciar os significados captados nas várias partes do relato, fiz uma articulação entre eles e cheguei a uma descrição da vivência do sujeito que englobasse a todos. Assim procedi em relação a cada um dos dois tipos de vivência: a contrariedade e o bem-estar.

2.ª Etapa: Averiguação dos dados levantados na etapa anterior e elaboração da descrição final dos dois tipos de vivência para cada sujeito.

Submeti à apreciação de cada sujeito os significados que captei e enunciei nas várias partes de seu relato e a descrição que elaborei de sua vivência, baseada naqueles significados. Estabeleci com ele, diálogo a esse respeito e solicitei que me apresentasse, sempre que julgasse necessário, complementações, cortes ou correções dos dados que eu havia elaborado.

Tendo em mãos esta apreciação feita pelo sujeito, reelaborei, com a sua colaboração, os significados e a descrição que eu elaborara, inicialmente, sobre a sua vivência, tanto de contrariedade como de bem-estar.

3.ª Etapa: Descrição da vivência de contrariedade e de bem-estar para o grupo.

Comparei os significados e as descrições elaboradas por todos os sujeitos na etapa anterior e neles procurei verificar se havia elementos que fossem comuns à sua maioria. Como encontrei a presença desses elementos, deles me utilizei para elaborar uma descrição da contrariedade e outra do bem-estar, que caracterizassem esses dois tipos de vivência para o grupo de sujeitos estudados.

E — RESULTADOS

A análise compreensiva do relato de cada sujeito e a comparação entre os dados levantados para o grupo, com registro dos elementos comuns à sua maioria, permitiram-me chegar a vários esclarecimentos sobre peculiaridades da contrariedade e do bem-estar, bem como de influências que exercem na personalidade dos sujeitos. Apresento-os a seguir.

1 — Em primeiro lugar o estudo permitiu verificar a constante e paradoxal alternância da contrariedade e do bem-estar na vida dos sujeitos. Há em todos os relatos a presença de uma seqüência de situações nas quais o sujeito passa de uma para outra dessas diferentes experiências, ora com maior, ora com menor intensidade. Assim, por exemplo, para relatar uma vivência de contrariedade, o sujeito refere-se a um estado anterior de bem-estar e vice-versa; e quando está terminando o relato de um desses dois tipos de vivência, deixa transparecer indícios do aparecimento da outra.

2 — Verificou-se, também, a existência de características próprias a cada uma dessas experiências, quando vivenciadas intensamente. Assim, o bem-estar intenso revelou ser vivência de plenitude e tranqüilidade, durante a qual o sujeito compreende globalmente o seu existir; encontra-se em sintonia consigo, as coisas e as pessoas; visualiza amplas possibilidades de prosseguir existindo; sente-se livre para fazer escolhas. Inversamente, a contrariedade revelou ser vivência de restrição e angústia, durante a qual o sujeito não consegue compreender o seu existir, encontra-se alheio a si, às coisas e às pessoas; não visualiza possibilidades de prosseguir existindo, sentindo-se oprimido e sem recursos para tomar decisões.

3 — As constatações do item anterior permitem ressaltar a relevância do envolvimento e sintonia do sujeito com a situação que está vivenciando, para conseguir compreendê-la, ou, em outras palavras, para captar o significado desta em sua existência. Verificou-se, nos relatos sobre a vivência de bem-estar, que os sujeitos encontravam-se envolvidos e sintonizados com a situação que estavam experienciando. Inversamente, todos eles revelaram estar aflitos e alheios à sua

CONTRIBUIÇÕES DA FENOMENOLOGIA PARA A PESQUISA NA PSICOLOGIA

experiência, quando esta era de intensa contrariedade. Porém, a partir do momento no qual conseguiram envolver-se na situação e sintonizar-se com ela, embora sentindo-se profundamente tristes, começaram, gradualmente, a sentir-se tranqüilos, a compreender o seu sofrimento e a ter esperanças de poder enfrentá-lo e superá-lo. Em outras palavras, a partir do momento em que estabeleciam sintonia com a situação e o seu próprio sofrimento, os sujeitos começavam, lentamente, a passar da aflição para a tranqüilidade, da contrariedade para o bem-estar.

4 — Muito relacionada às averiguações acima apontadas, encontra-se a constatação feita, nos relatos de todos os sujeitos, da grande importância do enfrentamento das situações de contrariedade para o amadurecimento da personalidade. Para que este aconteça é necessário que a pessoa consiga abrir-se às múltiplas possibilidades de sua existência. Isto acontece durante a vivência de bem-estar profundo. Entretanto, quanto mais intensa for a contrariedade e quanto mais corajoso o seu enfrentamento, maior e mais intensa é a vivência de bem-estar e o amadurecimento pessoal decorrentes dessa luta. Esta constatação foi encontrada mesmo quando o sujeito relatou não ter conseguido êxito na sua tentativa de conquistar o que pretendia, ou de recuperar algo que havia sido perdido na situação de intensa contrariedade. Enfrentar a dor e o sofrimento e neles envolver-se constituiu-se, para o sujeito, em experiência suficiente para refletir sobre eles, dar-lhes significado e encontrar alguma forma de superá-los, com a abertura a outras possibilidades de sua existência.

5 — A esse respeito considero, ainda, de grande importância assinalar que, para vários sujeitos, a angústia e o sofrimento, provocados pela vivência de intensa contrariedade, foram tão profundos que eles chegaram, por instantes, a desejar morrer, ou dar cabo da própria vida. A presença de pessoas que os acolheram e lhes deram apoio foi por eles referida como muito relevante para o restabelecimento de sua vontade de viver.

A comparação entre as constatações acima descritas e o enfoque fenomenológico da personalidade permitiram-me verificar a confirmação de várias das formulações nele apresentadas. Entre estas, merecem destaque:

1 — O aparecimento: a) das quatro características básicas do existir, o compreender, o temporalizar, o especializar e o escolher; b) das maneiras de existir preocupada, sintonizada e racional.

2 — As relações existentes entre o bem-estar intenso e a abertura à atualização das características básicas do existir, e a restrição a esta encontrada nos momentos de contrariedade profunda.

3 — A predominância da maneira de existir envolvida e sintonizada durante a vivência de bem-estar intenso e do alheamento e angústia durante a vivência de contrariedade profunda. Devido ao alheamento e restrição acima referidos, os sujeitos, enquanto encontravam-se sob o impacto de intensa contrariedade, não conseguiram envolver-se na situação de sofrimento; por isso, não conseguiram, também, captar o seu significado, refletir sobre ela e encontrar recursos para enfrentá-la.

4 — A presença da alternância de vivências paradoxais no decorrer da existência dos sujeitos, ou, em outras palavras, o quanto durante sua vida foram surgindo vivências com qualidades opostas, alternando-se, continuamente. Assim, verificou-se a passagem da contrariedade para o bem-estar, da angústia para a tranqüilidade, da tristeza para a alegria, ou vice-versa.

Os resultados desta pesquisa confirmaram, com maiores esclarecimentos, constatações que eu havia feito em estudos anteriores nos quais investiguei, separadamente, o bem-estar ou a realização pessoal (Forghieri, 1984b) e a contrariedade ou a frustração pessoal (Forghieri, 1985, 1986, 1988).

Não me foi possível comparar os resultados acima referidos com os de outros autores, por não ter encontrado, na bibliografia sobre investigações fenomenológicas, estudos sobre os temas aqui tratados, que tivessem sido empreendidos com o emprego do método fenomenológico.

Embora o trabalho tenha sido feito com pequena quantidade de sujeitos, por ser esta uma condição imprescindível para analisar compreensivamente a vivência de pessoas, considero que ele permitiu chegar a significativas constatações sobre os sujeitos estudados, mas que, também, fornecem subsídios para a compreensão de outros indivíduos, em situações de experiências de contrariedade ou de bem-estar intensos.

Porém, outras investigações precisam, ainda, ser realizadas para que possamos obter maiores conhecimentos sobre esses dois tipos de vivência, tão importantes na existência dos seres humanos em geral, que surgem e se alternam, constantemente, em nossa vida cotidiana.

IV - Levantamento de Trabalhos sobre Pesquisa Fenomenológica no Campo da Psicologia

A — INÍCIO E DESENVOLVIMENTO DA PESQUISA FENOMENOLÓGICA

A pesquisa fenomenológica no campo da Psicologia é relativamente recente, pois as primeiras publicações sobre esse assunto começaram a aparecer a partir da década de setenta, nos Estados Unidos da América (EUA).

CONTRIBUIÇÕES DA FENOMENOLOGIA PARA A PESQUISA NA PSICOLOGIA

Entretanto, na área da Psiquiatria, a investigação fenomenológica surgiu na Europa, contemporaneamente ao surgimento da própria Fenomenologia moderna, que ocorreu no campo da Filosofia, com Husserl, no início de nosso século. Seu primeiro trabalho sobre o assunto, *Investigações Lógicas*, foi publicado em 1901 e já em 1913 o psiquiatra Jaspers, aplicando o método fenomenológico de Husserl ao estudo da vivência patológica, publicou a sua *Psicopatologia Geral*, que marcou o surgimento da Psiquiatria Fenomenológica.

Em 1923, apareceu o primeiro dos numerosos trabalhos do psiquiatra Binswanger, nesse campo e cerca de vinte anos depois surgiram os de Boss, Minkowski, Buitendjk, Straus etc. (Spiegelberg, 1972).

Faço referência a esses trabalhos, pois, embora pertençam ao campo da Psiquiatria, contêm significativas formulações sobre o psiquismo humano, tanto patológico como normal, que fornecem subsídios importantes para a Psicologia, bem como fundamentos para a elaboração de sua própria metodologia para investigar a vivência.

O material bibliográfico sobre investigação fenomenológica da vivência surgiu, aqui no Brasil, a partir de textos dos psiquiatras europeus, acima referidos, em livros que, em sua grande maioria, foram traduzidos e editados nos EUA, tais como os de Binswanger (1963) e Boss (1949, 1963). No que diz respeito a esse tipo de investigação no campo da Psicologia, a bibliografia estrangeira sobre o assunto é proveniente, também, dos EUA onde são numerosos os trabalhos realizados na Duquesne University; estes têm sido publicados em livros, tais como os de Kaam, van (1978) e os organizados por Giorgi (1977, 1978, 1979, 1983, 1985) e Ashworth (1986). Além desses livros, são importantes, também, os de Gurwitsch (1978), Spiegelberg (1975) e o que foi organizado por Valle, R. S. e King, M. (1978). Entre os periódicos americanos, cuja especialidade é o enfoque fenomenológico em Psicologia, encontram-se o *Research in Phenomenology*, o *Journal of Phenomenological Research* e o *Review of Existential Psychology and Psychiatry*.

Aqui no Brasil, o introdutor pioneiro das idéias de Heidegger e de Binswanger no campo da Psicologia foi o Professor E. Portella Nunes, em 1963, com a Tese de Livre-Docência intitulada "Fundamentos da Psicoterapia" (Ver obras do autor nas Referências Bibliográficas).

Ainda no Rio de Janeiro, surgiu em 1969 a primeira publicação sobre Fenomenologia relacionada à Psicologia, da qual se tem conhecimento, em trabalho de Zacaria Ali Ramadam, intitulado "Aspectos Existenciais do Suicídio". Ele possui várias outras publicações em São Paulo, conforme Referências Bibliográficas.

Também em São Paulo, surgiram, a partir do início da década de setenta, pesquisas fenomenológicas no campo da Psicologia, com o Professor Joel Martins em teses de doutorado e dissertações de mestrado de seus orientandos da Pontifícia Universidade Católica de São Paulo. Há na biblioteca dessa instituição uma grande quantidade de estudos desse tipo, entre os quais alguns foram transformados em livros, como os de Olivieri (1985); Meira (1983); Beaini (1981). O referido professor mantém até hoje esse tipo de atividade, que exerceu, também, durante alguns anos, na Universidade de Campinas. Ele publicou, com

Bicudo, um livro (Martins e Bicudo,1989) que contém importantes informações sobre o método fenomenológico e sua utilização na Psicologia, tendo, também, prestado sua colaboração em outros livros que tratam de assuntos relativos à Fenomenologia (Martins, J. e Dichthekenian, 1984; Forghieri, Y. C., 1984a; Martins, J. e Bicudo, M. A., 1983).

Ainda na UNICAMP, Antonio Muniz de Rezende tem, também, orientado trabalhos com enfoque fenomenológico na área da Psicologia da Educação, tendo publicado estudo fenomenológico que empreendeu sobre a Educação (Rezende, 1990). Há ainda, teses e dissertações fenomenológicas realizadas nessa Universidade e que foram transformadas em livros, tais como os de Amatuzzi (1989) e França (1989).

Na Universidade Federal do Rio Grande do Sul, Ernildo Stein, filósofo e psicanalista, tem desenvolvido trabalhos nos quais estabelece relações entre Fenomenologia e Psicanálise ou apresenta esclarecimentos sobre o método fenomenológico (Stein, 1984, 1979). Nessa mesma Universidade, William Gomes tem realizado investigações fenomenológicas sobre o processo psicoterapêutico (Gomes, 1988, 1990).

No Instituto de Psicologia da Universidade de São Paulo (IPUSP), Yolanda Cintrão Forghieri, autora deste trabalho, a partir de 1980 começou a se dedicar à realização de pesquisas fenomenológicas, cuja divulgação tem sido feita em livro (1984a), artigos em revistas científicas (1992a, 1991a, 1989a), Tese de Livre-Docência (1991b), resumos em anais de reuniões anuais da SBPC (1992b, 1990, 1989b, 1988, 1985, 1984b); anais do I Congresso Interno do IPUSP (1991c). Iniciou, também no IPUSP, a partir de 1982, a orientação oficial de Teses de Doutorado (TD) e Dissertações de Mestrado (DM). Este último tipo de tarefa, ele já havia realizado na PUC-SP, no período de 1978 a 1986. Há nas bibliotecas dessas Universidades trabalhos de seus orientados, realizados com a utilização de metodologia fenomenológica, tais como: Tápia, L.E.R.: Aneona-Lopez, M.; Valle, E.R.; Teixeira, M.B.; Queluz, A.G.; Yehia, G.Y.; Pati, V.R.T.; Heller, K.A.; Gomes, M.P.; e Kato, M.L. (Ver Referências Bibliográficas para maiores detalhes).

Além de publicações brasileiras sobre o assunto, como as que já foram referidas, há aqui em São Paulo a revista *Daseinsanályse*, editada pela Sociedade Brasileira de Análise e Terapia Existencial, que se dedica a textos fundamentais na Fenomenologia do filósofo Heidegger e do psiquiatra Boss.

As pesquisas fenomenológicas realizadas aqui no Brasil têm sido divulgadas, esporadicamente, em alguns periódicos nacionais de Psicologia, não especializados em Fenomenologia, tais como: *Arquivos Brasileiros de Psicologia, Psicologia: Teoria e Pesquisa, Revista Brasileira de Pesquisa em Psicologia, Temas.* Entretanto, o maior volume de material nacional sobre investigação fenomenológica da vivência encontra-se entre Teses de Doutorado e Dissertações de Mestrado de vários Estados.

CONTRIBUIÇÕES DA FENOMENOLOGIA PARA A PESQUISA NA PSICOLOGIA

B — REVISÃO DE PESQUISAS REALIZADAS

Neste item incluí estudos realizados no campo da Psicologia que, com certa flexibilidade, considerei como sendo investigações fenomenológicas, por apresentarem as seguintes características reunidas:

— Têm como suporte teórico, filósofos e/ou psiquiatras e psicólogos pertencentes à Fenomenologia.
— Definem com clareza seus objetivos.
— Utilizam-se de metodologia na qual:

a) o material de estudo constitui-se de descrições minuciosas da vivência do próprio pesquisador ou de outras pessoas;
b) os procedimentos são fundamentados no método fenomenológico e apresentados com pormenores.

Entre os estudos acima referidos não foram incluídos, portanto, aqueles que possuem cunho meramente teórico, bem como os que não apresentam, com clareza, seus objetivos e não descrevem, com pormenores, a metodologia utilizada.

a - Material Examinado

Para elaborar este levantamento de pesquisas, utilizei-me de consulta ao seguinte material bibliográfico sobre o assunto, ao qual me foi possível ter acesso nas principais livrarias de São Paulo e nas bibliotecas da PUC-SP e do IPUSP:

1 — Livros de autores nacionais (LN).
2 — Livros de autores estrangeiros (LE).
3 — Capítulos de livros organizados por autores estrangeiros (CLE).
4 — Artigos em periódicos americanos especializados em Psicologia Fenomenológica (APA).
5 — Artigos em periódicos nacionais (APN). Foram consultados os seguintes periódicos:

- *Arquivos Brasileiros de Psicologia*, da Fundação Getúlio Vargas, do Rio de Janeiro.
- Boletim de Psicologia, do Instituto de Psicologia da USP.
- Cadernos do Centro de Filosofia e Ciências Humanas, UF do Pará.
- Cadernos de Pesquisa, da Fundação Carlos Chagas de São Paulo.
- Cadernos de Psicologia da Universidade Federal de Minas Gerais.
- Cadernos PUC-Psicologia, da PUC de São Paulo.

- Ciência e Cultura, da Sociedade Brasileira para o Progresso da Ciência.
- Estudos de Psicologia, da PUC de Campinas-SP.
- PSICO, da PUC do Rio Grande do Sul.
- Psicologia, do Instituto de Psicologia da USP.
- *Psicologia: Teoria e Pesquisa*, da UF de Brasília.
- *Revista Brasileira de Pesquisa em Psicologia*, das Faculdades de Educação e Cultura do ABC-SP.
- Revista de Psicologia, da UF do Ceará.
- *Temas*.

6 — Teses de Doutorado de Universidades da cidade de São Paulo (TD).
7 — Dissertações de Mestrado de Universidades da cidade de São Paulo (DM).
8 — Teses de Livre-Docência do Instituto de Psicologia da USP (LD).

Os periódicos examinados, as Teses e as Dissertações abrangem o período de 1980 a 1991; os livros abrangem, também, a década de setenta.

Dos periódicos americanos, consultei apenas aqueles especializados em temas fenomenológicos. Quanto aos brasileiros, incluí todos os periódicos de Psicologia que encontrei.

Embora tenha planejado, a princípio, incluir nesta parte do trabalho apenas as investigações realizadas no Brasil, considerei, posteriormente, ser oportuno incluir, também, pesquisas feitas nos Estados Unidos da América, em virtude do farto material sobre o assunto lá existente e que tem sido divulgado em nosso País. Julgo ser esta ampliação bastante útil para abrir perspectivas a respeito de temas que lá vêm sendo e aqui ainda não foram investigados, bem como para o fornecimento de informações sobre a utilização do método fenomenológico na Psicologia.

Quanto às Teses de Doutorado e Dissertações de Mestrado, incluí apenas as do IPUSP e as de cursos de Pós-Graduação em Psicologia da PUC-SP, porque não me foi possível ter acesso a esse tipo de trabalho em Universidades de outras cidades do Estado de São Paulo, assim como do existente em outros Estados. As Teses e Dissertações que foram publicadas sob a forma de livro ou artigo aparecem apenas nestes tipos de divulgação.

Não incluí, também, pesquisas constantes de resumos de Anais de Eventos Científicos, tais como os da SBPC, por ter verificado não ser possível constatar, na maioria dos resumos, pormenores sobre a sua metodologia que me permitissem classificá-los como investigação fenomenológica da vivência.

Embora o levantamento que elaborei não inclua trabalhos de todo o nosso País, ele abrange, pelo menos, a consulta àqueles que foram publicados em periódicos de Universidades dos seguintes Estados: Brasília-DF, Minas Gerais, Ceará, Pará, Rio de Janeiro e São Paulo.

CONTRIBUIÇÕES DA FENOMENOLOGIA PARA A PESQUISA NA PSICOLOGIA **73**

b — Classificação das Pesquisas. *

As pesquisas foram agrupadas em itens, de acordo com o tipo de situação vivenciada e/ou o principal tema focalizado. Após cada subitem é referido o autor e a modalidade de trabalho, com a sigla que foi apresentada na parte relativa ao material utilizado.

1 — *A Vivência do próprio Pesquisador*
1.1 — Como profissional: *Amatuzzi, M.*-LN; *Forghieri, Y. C.*-LD; *Morato, H.*-TD.
1.2 — Como aluna: *Ângelo, M.*-DM.
2 — *Aprendizagem e Situações Escolares*
2.1 — Aprendizagem: *Rocha, M. A.*-D Radley, C.-APA; Giorgi, A.-CLE.
2.2 — Leitura: Colaizzi, P. F.-CLE; *Silva, E. T.*- LN.
2.3 — Raciocínio e inteligência: Aanstoos, C.-CLE(4), APA; Radley, C.-APA; *Pati, V. T.*-DM.
2.4 — *Alunos em Curso Superior*:
      Psicologia: *Heller, K. A.*-DM; *Kato, M. L.*-DM .
      Pedagogia: *França, C.*-LN.
      Orientação Educacional: *Sapiro, C.*-DM.
      Estágio: *Teixeira, M. B.*-TD; *Yehia, G. Y.*-DM.
2.5 — A Educação: *Rezende, A.*-LN.
2.6 — A Tecnologia da Educação: *Mello, L. G.*-DM.
3 — *Características Básicas do Existir*
3.1 — Compreensão: *Augras, M.*-LN; Denne, J. M. e Thompson, N. L.-APA.
3.2 — Espacialidade: Benswanger, E. G.-CLN; *Lacerda, S.*-DM.
3.3 — Linguagem, discurso: *Beaini, T.*-LN; *Paschoal, N.*-TD.
3.4 — Ser-com: Ashworth, P.-APA; Augus, N. M. e outros-APA; Becker, C.-CLE; Halling, S.-CLE; Kaam, A. van-LE; *Silva, M. T.*-DM.
3.5 — Temporalidade: *Queluz, A. G.*-TD.
4 — *Criatividade e Arte*
4.1 — Arte: *Frayze Pereira, J. A.*-TD.
4.2 — Criatividade: Conrad, S. D.-APA.
4.3 — Representação musical: Osborne, J. W.-APA.
5 — *Doenças e Mal-Estar Físico e/ou Psíquico*
5.1 — Atitude do médico: *Olivieri, D. P.*-LN.
5.2 — Desconfiança: Koning, A. J.-CLE.
5.3 — Enurese: *Oliveira, C. M.*-DM.
5.4 — Gagueira: *Meira, M. I.*-LN.
5.5 — Hanseníase: *Mendes, I. J.*-TD.

---

* Os trabalhos nacionais encontram-se em grifo. As referências bibliográficas dos 89 trabalhos utilizados nesta classificação de pesquisas não foram aqui incluídas, para não tornar exageradamente extensa a bibliografia deste livro. Elas podem ser encontradas no artigo que escrevi sobre o assunto, intitulado "Levantamento e Classificação de Pesquisas Fenomenológicas no Campo da Psicologia", que pode ser encontrado na *Revista Brasileira de Pesquisa em Psicologia*, Volume IV, número 2, de 1992b

5.6 — Menstruação: Montgomery, J. D.-APA.

5.7 — Obesidade: *Gomes, M. P.*-DM; *Melco, T. G.*-DM.

5.8 — Proibições: Wertz, F. J.-CLE.

5.9 — Psicopatologia: *Ramadam, Z. A.*-APN; Zuuren, F.J. van-CLE.

5.10 — Timidez: Guglietti-Kelly e outro-APA.

  6 — *Estados Emocionais Intensos*

6.1 — Angústia: Denne, J. M.-APA; Fisher, W. F.-CLE; *Tápia, L. E.*-TD.

6.2 — Auto-Estima: Mruk, C. J.-CLE.

6.3 — Contrariedade: *Forghieri, Y. C.*-APN.

6.4 — Decepção: Fisher, W. F.-CLE.

6.5 — Medo: Johnson, E.-APA.

6.6 — Morte, perspectiva de, luto: Brice, C. W.-APA; *Boemer, M. R.*-LN; Kluber-Ross, E.-APA.

6.7 — Solidão: *Di Domênico, V. G.*-DM.

6.8 — Suicídio, tentativa de: *Angerami, W.*-LN; *Ramadam, Z. A.*-APN.

6.9 — Tirania: Hagan, T.-CLE.

6.10 — Vitimização: Fisher, C. T. e Wertz, F.-CLE; Wertz, F.-CLE.

  7 — *Migrantes*:

7.1 — Estrangeiros: Polyzoi, E.-APA.

7.2 — Brasileiros: *Mahfoud, M.*-DM.

  8 — *Maternidade e/ou Paternidade*

8.1 — Em situação comum: *Caruso, I.*-TD; Jessner, L. N.-APA; Giorgi, A.-CLE.

8.2 — Em situação de doença física e/ou Psíquica do filho(a): *Ancona-Lopez, M.*-TD; *Giuzio, T. J.*-DM; *Valle, E. R.*-TD.

  9 — *Psicodiagnóstico*

9.1 — *Cupertino, C. M. B.*-DM.

10 — *Psicoterapia*

10.1 — Fessler, R.-CLE; *Gomes, W.*-APN*(2)*; *Ramadam, Z. A.*-APN; Todres, L.-APA.

11 — *Toxicômanos*

11.1 — *Bento, V. E. S.*-APN; *Ronca, P. A. C.*-TD.

12 — *Velhice, Terceira Idade*

12.1 — Bors, D. A.-APA; *Medeiros, S. A.*-APN; *Ramadam, Z. A.*-APN.

c — Comentários

Este levantamento de trabalhos permite constatar a existência de considerável quantidade de investigações fenomenológicas realizadas na última década: 89 pesquisas, entre as quais 39 são estrangeiras e 50 são nacionais. E convém lembrar que este estudo abrangeu apenas o material que me foi possível consultar, o qual não incluiu trabalhos realizados na Europa, teses e dissertações dos EUA e de muitos Estados do Brasil, além de resumos de pesquisas apresentados em eventos científicos.

CONTRIBUIÇÕES DA FENOMENOLOGIA PARA A PESQUISA NA PSICOLOGIA

Quanto às áreas da Psicologia nas quais as pesquisas foram realizadas, verifica-se que elas ocorreram, com freqüência, nas de Psicologia da Educação e de Psicologia Clínica; isto não aconteceu com a Psicologia do Desenvolvimento, pois foram encontradas apenas três pesquisas com crianças (Queluz, A. G.; Oliveira, C. M.; Benswanger, E. O.), uma com adolescentes (Paschoal, S.) e três com idosos (Bors, D. A.; Medeiros, S. A.; Ramadam, Z. A.).

Considero natural o fato, em relação às crianças, uma vez que o material de estudo da investigação fenomenológica é, principalmente, o relato pormenorizado do sujeito sobre sua vivência, para cuja elaboração grandes dificuldades são encontradas, se for necessário que ele seja fornecido por crianças. Quanto aos adolescentes e aos idosos já não ocorre essa limitação, motivo pelo qual considero que seria importante que fossem incrementadas pesquisas nessas duas faixas etárias, principalmente a de idosos, quando a quantidade deles vem se tornando cada vez maior. Acresce, ainda, que conforme a pessoa inicia o enfrentamento da velhice, mudanças significativas começam a ocorrer em sua existência, para cujo conhecimento e compreensão a pesquisa fenomenológica da vivência poderia trazer importante contribuição.

Outro fato que se observa neste levantamento é a grande quantidade de pesquisas que focalizam a angústia, a contrariedade e a situação de tristeza e sofrimento do ser humano e a ausência de pesquisas voltadas para o estudo da alegria, da tranqüilidade e do bem-estar. Isto mostra a influência marcante do movimento existencialista sobre a investigação fenomenológica. Penso que os últimos temas acima referidos, que constituem as experiências agradáveis da existência humana, mereceriam ser investigados. A autora deste trabalho chegou a fazer duas pesquisas sobre o assunto, uma a respeito da realização pessoal e outra sobre o bem-estar, mas que não foram incluídas nesta classificação por terem sido publicados, apenas os seus resumos (Forghieri, 1984b; 1992c); elaborou, também, um artigo sobre o bem-estar que não continha pesquisa sobre o mesmo (Forghieri, 1992a).

REFERÊNCIAS BIBLIOGRÁFICAS

ACKER, L. van. Prefácio. In: Berg, J. H. van den. *O Paciente Psiquiátrico*. São Paulo: Mestre Jou, Rio de Janeiro: Zahar, 1973.

AMATUZZI, M. *O Resgate da Fala Autêntica*. Campinas: Papirus, 1989.

ANCONA-LOPEZ, M. *Atendimento a Pais no Processo de Psicodiagnóstico Infantil: Uma Abordagem Fenomenológica*. Tese de Doutorado. São Paulo: PUC-SP, 1987. (Orientadora: Yolanda Cintrão Forghieri).

ASHWORTH, P. (org.). *Qualitative Research in Psycology*. Pittsburgh: Duquesne University Press, 1986.

BEAINI, T. C. *A Escuta do Silêncio*. São Paulo: Cortez, 1981.

BERG, J. H. van den. El Cuerpo y la Significación del Movimiento Humano. In: RUITENBEEK, H. M. (ed.). *Psicoanalisis y Filosofia Existencial*. Madri: Gredos, 1972.
- *O Paciente Psiquiátrico*. São Paulo: Mestre Jou, 1973.

BINSWANGER, L. (1956). *Três Formas de Existência Malograda*. Rio de Janeiro: Zahar, 1977.
- (1946). *Articulos y Conferências Escogidas*. Madrid: Gredos, 1973.
- *Being-in-the-World*. Nova York: Basic Books, 1963.
- *Psiquiatria Existencial*. Santiago: Universitária, 1962.
- (1958). El caso de Ellen West; La escuela de pensamiento de analisis existencial; El caso de Ilse. In: May, R. (org.). Existência. Madri: Gredos, 1967.
- (1962). Analisis Existencial y Psicoterapia. In: RUITENBEEK, H. M. *Psicoanalisis y Filosofia Existencial*. Madri: Gredos, 1972.

BOEMER, M. R. *A Morte e o Morrer*. São Paulo: Cortez, 1986.

BOSS, M. (1970). *Existential Foundations of Medicine and Psychology*. Nova York: Aronson, 1983.
- (1963). *Na Noite Passada eu Sonhei*. São Paulo: Summus, 1979.
- *Psychoanalysis and Daseinsanalysis*. Nova York: Basic Books, 1963.
- (1957). *Psicoanalisis y Analitica Existencial*. Barcelona: Científico Médica, 1959.
- *Meaning and content of Sexual Pervertions: A Daseinsanalytic Aproach to Phenomene of Love*. Nova York: Grune and Stratton, 1949.
- (1962). Analisis del Dasien y Psicoterapia. In: RUITENBEEK, H. *Psicoanalisis y Filosofia Existencial*. Madri: Gredos, 1972.
- A Medicina Psicossomática e o Princípio de Causalidade. *Hexágono*. 2(1) 1975: 10-24, e CONDRAU, G. As Descobertas Daseinsanalíticas: Base Teórica de uma Nova Psiquiatria. *Daseinsanalyse*. s/n: 1976: 14-22.

BUBER, M. *Pointing the Way*. Nova York: Schoken Books, 1974.
- (1922). *I and Thou*. Edingurgh: Clark, 1971.
- (1922). *Eu e Tu*. São Paulo: Cortez e Moraes, 1977.
- (1947). *Do Diálogo e do Dialógico*. São Paulo: Perspectiva, 1982.
- *Que es el Hombre?* Montevidéu: Ediciones de la Casa del Estudiente, 1955.
- *Between Man and Man*. Londres: Collins, 1947.

COLAIZZI, P. F. Psychological Research as the Phenomenologist Views. In: VALLE, R. S. e KING, M. (eds.). *Existential Phenomenological Alternatives for Psychology*. Nova York: Oxford University Press, 1978.

DARTIGUES, A. *O que é a Fenomenologia?* Rio de Janeiro: Eldorado, 1973.

DICHTCHEKENIAN, M. F. B. (org.) *Vida e morte: ensaios fenomenológicos*. São Paulo: Cia. Ilimitada, 1988.

FORGHIERI, Y. C. Levantamento e Classificação de pesquisas fenomenológicas no campo da Psicologia. *Revista Brasileira de Pesquisa em Psicologia*, vol. IV(3),1992b:7-19.
- Bem-Estar Humano e Autorrealização. Resumo em *Anais da 44ª Reunião Anual da SBPC*. São Paulo, 1992c: 898.
- Contrariedade e Bem-Estar Humanos: Um Estudo Fenomenológico. Resumo em *Anais do I Congresso Interno do IPUSP*. São Paulo, 1991c: I-3.
- O Método Fenomenológico na Pesquisa Psicológica. *Anais do III Simpósio de Pesquisa e Intercâmbio Científico da ANPEPP*. São Paulo, 1991a 245-248.
- *Fenomenologia do Existir de uma Professora Universitária*. Tese de Livre-Docência. São Paulo: Instituto de Psicologia da USP, 1991b.
- Esboço de um enfoque fenomenológico da personalidade. Resumo em *Revista Ciência e Cultura — Suplemento*, V. 41(7)1990:441.
- Contribuições da Fenomenologia para o Estudo de Vivências. *Revista Brasileira de Pesquisa em Psicologia*, vol. 2(1)1989a:7-20.
- Realização e Frustração Pessoal Intensas. Resumo em *Ciência e Cultura — Suplemento*. 41(7)1989b:816.
- Significação, Espacialidade e Temporalidade em Vivências de Contrariedade Intensa. Resumo em *Ciência e Cultura — Suplemento*. 39(7)1988:615.
- A Vivência do Tempo em Situações Significativamente Frustradoras. Resumo em *Ciência e Cultura — Suplemento*. 38(7):1.048,1986.
- Frustração Pessoal e Temporalidade. Resumo em *Ciência e Cultura — Suplemento*. 37(7):872,1985.
- Estudo de Experiências Vividas de Realização Pessoal. Resumo em *Ciências e Cultura — Suplemento*. 36(7):967,1984b.
- (org.) *Fenomenologia e Psicologia*. São Paulo: Cortez, 1984a.
- Técnicas Psicoterapêuticas e Aconselhamento Terapêutico Rogeriano. Tese de Doutorado, Instituto de Psicologia da USP, 1972.

FRANÇA, V. *Psicologia Fenomenológica: Uma das Maneiras de se Fazer*. Campinas: Unicamp, 1989.

FRANKL, V. (1943). *Psicoterapia e Sentido da Vida*. São Paulo: Quadrante, 1973.
- *Um Psicólogo no Campo de Concentração*. Lisboa: Aster, s/d.

FREUD, S. Obras Completas. Madrid: Biblioteca Nueva, 1948.

GIORGI, A (org.) *Phenomenology and Psychological Research*. Pittsburgh: Duquesne University Press, 1985.
- (org.) *Duquesne Studies in Phenomenological Psychology*. Pittsburgh: Duquesne University Press. Volume I, 1977; Volume II, 1978; Volume III, 1979; Volume IV, 1983.
- (1970). *Psicologia como Ciência Humana: Uma Abordagem de Base Fenomenológica*. Belo Horizonte: Interlivros, 1978.

GOMES, W. A Experiência Retrospectiva de Estar em Psicoterapia. *Psicologia:Teoria e Pesquisa*, 6(1),1990 e 4(3),1988.

GOMES M. P. Obesidade: Um Enfoque Fenomenológico-Existencial. Dissertação de Mestrado. São Paulo: PUC-USP, 1986. (Orientadora: Yolanda Cintrão Forghieri).

GURWITSCH, A. *Phenomenology and the Theory of Science*. Evanston: Northwestern Univ. Press, 1978.

HEIDEGGER, M. (1972). *O Fim da Filosofia ou a Questão do Pensamento*. São Paulo: Duas Cidades, 1972.
- (1927). *El Ser y el Tiempo*. México: Fondo de Cultura Econômica, 1971a.

REFERÊNCIAS BIBLIOGRÁFICAS

HEIDEGGER, M. (1967). *O Ser e o Tempo*. 2. ed. Petrópolis: Vozes, 1988.
- (1956). *Que é Isto a Filosofia?* São Paulo: Duas Cidades, 1971b.
- (1946). *Sobre a Essência da Verdade*. In: Heidegger. São Paulo: A1, 1979. (Coleção Os Pensadores)
- (1929). *Que é Metafísica*. São Paulo: Duas Cidades, 1969.
- (1929). *Kant y el Problema de la Metafísica*. México: Fondo de Cultura Econômica, 1986.
- Homenagem a Heidegger pelos seus 85 Anos: Entrevista com Weiss. Revista *Humboldt*. 14(29):25-29,1974.
- *Todos Nós... Ninguém*. São Paulo: Moraes, 1981.

HELLER, K. A. *Aprender Vivendo: Uma Proposta Existencial-Humanista*. Dissertação de Mestrado. São Paulo: PUC-SP, 1985. (Orientadora: Yolanda Cintrão Forghieri).

HUSSERL, E. *Krisis*. In: *Husserlliana VI*, Haia, 1954. (Citado por FRAGATA, J. In: *Problemas da Fenomenologia de Husserl*. Braga: Livraria Cruz, 1962),
- (1938). *The Crisis of European Sciences and Transcendental Phenomenology*. Evanston: Northwestern University Press, 1970.
- (1913). *Ideas Relativas a una Fenomenologia Pura y una Filosofia Fenomenológica*. México: Fondo de Cultura Econômica, 1986.
- (1911). *A Filosofia como Ciência de Rigor*. Coimbra: Atlântida, 1965.
- (1907). *A Ideia da Fenomenologia*. Porto: Martins Fontes, 1986.
- (1901). *Investigaciones Lógicas*. Madrid: Castila, 1967.

JASPERS, K. (1913). *Psicopatologia Geral*. São Paulo: Atheneu, 1973.

JOLIVET, R. *As Doutrinas Existencialistas*. Porto: Tavares Martins, 1961.

KAAM, A. van. *Existencial Foundations of Psychology*. Pittsburgh: Duquesne Univ. Press, 1978.

KATO, M. L. Contribuições do Enfoque Dialógico de Buber para o Ensino da Psicologia. Dissertação de Mestrado. São Paulo: Instituto de Psicologia da USP, 1990. (Orientadora: Yolanda Cintrão Forghieri).

KEEN, E. (1974). *Introdução à Psicologia Fenomenológica*. Rio de Janeiro: Interamericana, 1979.

KELKEL, A. e SHERER, R. *Husserl*. Lisboa: Edições 70, 1982.

KIERKEGAARD, S. (1844). *O Conceito de Angústia*. Lisboa: Presença, 1972.
- (1846). *Temor e Tremor*. São Paulo: Exposição do Livro, 1964.

KRUGER, D. *An Introduction to Phenomenological Psychology*. Pittsburgh: Duquesne University Press, 1981.

LADRIÈRE, J. *A Articulação do Sentido*. São Paulo: EPU-EDUSP, 1977.

LEÃO, E. C. Apresentação. In: Heidegger, M. *O Ser e o Tempo*. Petrópolis: Vozes, 1988.

MARTINS, J. Contribuição da Fenomenologia à Psicologia Clínica. In: FORGHIERI, Y. C. *Fenomenologia e Psicologia*. São Paulo: Cortez, 1984a.
- e BICUDO, M. A. *Estudos sobre Fenomenologia, Existencialismo e Educação*. São Paulo: Moraes, 1983.
- e BICUDO, M. A. *A Pesquisa Qualitativa: Fundamentos e Recursos*. São Paulo: Moraes, 1989.
- e DICHTCHEKENIAN, M. F. *Temas Fundamentais de Fenomenologia*. São Paulo: Moraes, 1984.

MAY, R. (org.). (1956) *Existência*. Madri: Gredos, 1967.

MAY, R. (org.). *Existence*. Nova York: Basic Books, 1958.

MEIRA, I. *Gagueira: Do Fato para o Fenômeno*. São Paulo: Cortez, 1983.

MERLEAU-PONTY, M. (1952). *Ciências do homem e fenomenologia*. São Paulo: Saraiva, 1973.
- (1945). *Fenomenologia da percepção*. São Paulo: Freitas Bastos, 1971.

MINKOWSKI, E. (1962). *El tiempo vivido*. México, Fondo de Cultura Econômica, 1982.
- (1962). Lived Time. Northwestern University Press, 1970.

MONTORO, A. F. Objetos e métodos no ensino de direito. *Revista da Universidade Católica de São Paulo*, XL (91,92):3-12,1976.

NIETZCHE, F. (1981). *Humano demasiado humano*. Lisboa: Presença, 1973.

80 YOLANDA CINTRÃO FORGHIERI

OLIVIERI, D. F. *O ser doente*. São Paulo: Moraes, 1985.

PATI, V. *Autopercepção de superdotados*. Dissertação de Mestrado, São Paulo, PUC-SP, 1984 (Orientadora: Yolanda Cintrão Forghieri).

PORTELA NUNES, E. *Fundamentos da Psicotarapia*. Tese de Livre Docência, Faculdade Nacional de Medicina da Universidade do Brasil (atual Universidade Federal do Rio de Janeiro) 1963.

QUELUZ, A. G. *A vivência do tempo na fala de crianças da pré-escola*. Tese de Doutorado. S. Paulo: Instituto de Psicologia da USP, 1989. (Orientadora: Yolanda Cintrão Forghieri).

RAMADAM, Z. B. A. Aspectos Existenciais do Suicídio. Rio de Janeiro: *Revista de Psiquiatria*, V. VIII, n°15, pp. 5-11, 1969.
- Esboço de uma Fenomenologia do Psicodrama. São Paulo: *Revista Psicodrama*, n°1, 1970: 41-46.
- Elementos para uma Psicoterapia de Base Fenomenológica. São Paulo: *Temas*, n. 5-6, 1973a:77-84, 1973a.
- Análise Existencial: Visão Crítica. São Paulo: *Temas*, n° 23, 1982: 91-108.
- Analítica Existencial e Psicoterapia. São Paulo: Programa Nacional de Atualização Médica. *Fontoura-Wyeth*, 1973b: 98-106
- O Ser-no-mundo do Idoso: Abordagem Existencial da Psicoterapia na Terceira Idade. São Paulo: *Temas*, n° 27, 1984: 119-126.
- Teorias da Personalidade e Psicopatologia: Fenomenologistas e Existencialistas. São Paulo: *Temas*, V. 20, n° 39, 1990: 139-152.

REZENDE, A. M. *Concepção Fenomenológica da Educação*. São Paulo: Cortez, 1990.

ROGERS, C. R. (1970). *Grupos de Encontro*. Lisboa: Moraes, 1972.
- *Freedom to Learn*. Ohio: Charles Merril, 1969.
- *Person to Person*. Lafayette: Real Press, 1967.
- *On Becoming a Person*. Boston: Houghton Mifflin, 1961.
- *Client Centered Therapy*. Boston: Houghton Mifflin, 1951.

ROGERS, C. R. *Counseling and Psychoterapy*. Boston: Houghton, Mifflin, 1942.
- e DYMOND, R. F. *Psychotherapy and Personality Change*. Chicago: University of Chicago Press, 1954.
- e KINGET, G. M. (1965). *Psicoterapia y Relaciones Humanas*. Madri: Alfaguara, 1971.

RUITENBEEK, H. M. (org.). *Psicoanalisis y Filosofia Existencial*. Madri: Gredos, 1972.

SARTRE, J. P. (1943). *El Ser y la Nada*. Buenos Aires: Losada, 1972.
- e FERREIRA, V. (1964). *O Existencialismo é um Humanismo*. Lisboa: Presença, 1970.

SEGUIN, C. A. *Existencialismo y Psiquiatria*. Buenos Aires: Paidos, 1960.

SHLIEN, J. M. *Phenomenology and Personality*. In: WEPMAN, J. H. e REINE, R. W. *Concepts of Personality*. Londres: Methuen, 1964.

SPIEGELBERG, H. S. *Doing Phenomenology*. Netherlands: Martinus Nijhoff, 1975.

SPIEGELBERG, J. M. *Phenomenology in Psychology and Psychiatry: A Historical Introduction*. Evanston: Northwestern University Press, 1972.

STEIN, E. Introdução ao Método Heideggeriano. In: HEIDEGGER. São Paulo: Abril, 1979. (Coleção Os Pensadores).
- Mudança de paradigma na Filosofia. In: FORGHIERI, Y. C. *Fenomenologia e Psicologia*. São Paulo: Cortez, 1984a.

TÁPIA, L. E. O. Descrição Fenomenológica da Experiência de Crise Existencial ou Angústia. Tese de Doutorado. São Paulo: PUC-SP, 1984. (Orientadora: Yolanda Cintrão Forghieri).

TEIXEIRA, M. B. Percepção e Sentimentos de Alunos Durante a Freqüência à Disciplina Enfermagem Psiquiátrica. Tese de Doutorado. São Paulo: Instituto de Psicologia da USP, 1989. (Orientadora: Yolanda Cintrão Forghieri)

TILLICH, P. (1962). *A Coragem do Ser*. Rio de Janeiro: Paz e Terra, 1972.

REFERÊNCIAS BIBLIOGRÁFICAS

VALLE, E. R. Ser-no-Mundo com o Filho Portador de Câncer. Tese de Doutorado. São Paulo: Instituto de Psicologia da USP, 1988. (Orientadora: Yolanda Cintrão Forghieri).

VALLE, R. S. e KING, M. (eds.) *Existential Phenomenological Alternatives for Psycology*. Nova York: Oxford University Press, 1978.

YEHIA, G. Y. Proposta de uma Forma Alternativa de Supervisão de Estágio. Dissertação de Mestrado. São Paulo: PUC-SP, 1983 (Orientadora: Yolanda Cintrão Forghieri).